Ahmad ibn Ali Maqrizi, Geerhardus Vos

Die Kämpfe und Streitigkeiten zwischen den Banu 'Umajja und den Banu Hasim

Ahmad ibn Ali Maqrizi, Geerhardus Vos

Die Kämpfe und Streitigkeiten zwischen den Banu 'Umajja und den Banu Hasim

ISBN/EAN: 9783743439436

Hergestellt in Europa, USA, Kanada, Australien, Japan

Cover: Foto ©ninafisch / pixelio.de

Manufactured and distributed by brebook publishing software (www.brebook.com)

Ahmad ibn Ali Maqrizi, Geerhardus Vos

Die Kämpfe und Streitigkeiten zwischen den Banu 'Umajja und den Banu Hasim

DIE KÄMPFE UND STREITIGKEITEN

ZWISCHEN

DEN BANŪ 'UMAJJA UND DEN BANŪ HĀŠIM.

DIE KÄMPFE UND STREITIGKEITEN

ZWISCHEN

DEN BANŪ 'UMAJJA UND DEN BANŪ HĀŠIM.

EINE ABHANDLUNG

VON

TAḲIJJ AD-DĪN AL-MAḲRĪZIJJ.

DER ARABISCHE TEXT NACH DER LEIDENER, WIENER UND STRASSBURGER HANDSCHRIFT HERAUSGEGEBEN,

UND

ZUR ERLANGUNG DER DOCTORWÜRDE

BEI DER PHILOSOPHISCHEN FACULTÄT DER KAISER-WILHELMS-UNIVERSITÄT

ZU

STRASSBURG IM ELSASS,

EINGEREICHT

VON

GEERHARDUS VOS.

LEIDEN,
GEDRUCKT BEI E. J. BRILL.
1888.

MEINEN ELTERN GEWIDMET.

VORWORT.

Die hier folgende Abhandlung von Al-Maḳrīzijj wurde nebst einer Uebersetzung und Einleitung zur Erlangung der Doctorwürde bei der philosophischen Facultät des Kaiser-Wilhelms-Universität zu Strassburg i. E. eingereicht. Mit Erlaubniss der Facultät erscheint jetzt als Dissertation nur der erste Theil meiner Arbeit, der arabische Text, im Druck. Es ist meine Absicht diesem in kurzer Zeit die Uebersetzung und Einleitung folgen zu lassen.

Für die Feststellung des Textes war zunächst die vorzügliche Leidener Handschrift N⁰. 560, 14 (Warn.) massgebend. Dieselbe ist zum Theil vom Verfasser selbst geschrieben, ganz von ihm durchgesehen und an verschiedenen Stellen corrigirt worden. Letzteres geht aus der Anmerkung hervor, welche sich unten am Rande findet: تتبّعه فصحّحه جامعه ومؤلّفه أحمد ابن علىّ المقريزىّ فى شوّال سنة ٨٤١ d. h. »Durchgesehen und vorbessert von dem Sammler und Verfasser 'Aḥmad ibn 'Alijj al-Maḳrīzijj im Monat Šawwāl d. J. 841" (28 März—25 April A. D. 1438). Da diese Notiz von derselben Hand geschrieben ist, die viele, zum Theil ausführliche, Nachträge eingeschaltet hat, so berechtigt dies zu der Annahme, dass letztere insgesammt Autographe sind. Die Handschrift ist gut erhalten, und, abgesehen von diesen Nachträgen, deutlich geschrieben, nur an einigen Stellen zerfressen. Da ausserdem noch zwei andere, freilich nicht sehr zuverlässige, Codices zur Collation herbeigezogen wurden, hoffe ich, dass es mir gelungen ist, in den meisten Fällen den Text mit annähernder Genauigkeit festzustellen. Wo die eigene Handschrift des Verfassers vorlag, oder sich aus dieser auf seine Schreibweise in analogen Fällen schliessen liess, habe ich alle orthographischen Eigenthümlichkeiten beibehalten, wobei sich freilich eine gewisse Inconsequenz nicht immer vermeiden liess [1]).

Von den zwei anderen Codices befindet sich der eine in Wien (N^{0}. 886) der andere in Strassburg (N^{0}. 37 aus Spitta's Nachlass).

Der Wiener Codex, für dessen Collation ich Herrn Dr. Wilhelm Hein zu Dank verpflichtet bin, trägt die Unterschrift: نقلت هٰذه النسخة من نسخة نقلت من خطّ المؤلّف فى خامس عشر ذى القعدة سنة ١١٣١ واحد وثلاثين ومائة وألف كتبه الفقير علىّ بن السيّد محمّد الشيلاوىّ غفر الله له ولوالديه ولجميع المسلمين d. h. »Ich habe diese Handschrift abgeschrieben von einer anderen, die eine Abschrift war von dem Original, am 15ten D̠ūl-Ḳa'da des Jahres 1131 (1 October A. D. 1719). Geschrieben von dem armen 'Alijj ibn as-Sajjid Muḥammad Aš-

1) In Dozy, Notices sur quelques Manuscrits Arabes, Leyden 1847—1851 (pagg. 1—28) findet sich ein Facsimile der Handschrift von Al-Maḳrīzijj und seines Copisten. Derselbe Copist hat auch unsere Abhandlung geschrieben.

Šailāwijj etc." In diesem Codex sind auch die Nachträge sämmtlich vorhanden.

Unter der weniger guten Strassburger Handschrift liest man:

وقد نقلته من نسخة موجودة عند حضرة علىّ بك فهمىّ نجل المرحوم رفاعة بك رافع الطهطانىّ وبها نقص فى وسطها تركت له بياضا على قدره وكتبها عبد العزيز اسماعيل الأنصارىّ الطهطانىّ [1] فى شهر جمادى الثانية ١٢٩٥ d. h. »Abgeschrieben von einer Handschrift, die sich vorfand bei Herrn ʿAlijj Beg Fahmijj, dem Sohn des seligen Rifāʿa Beg [2]) Rāfiʿ aṭ-Ṭahṭānijj [1]), welche in der Mitte eine Lücke hatte; ich habe einen gleich grossen leeren Raum in meiner Abschrift gelassen. Die Abschrift ist gemacht worden von ʿAbd al-ʿAzīz 'Ismāʿīl al-'Anṣārijj aṭ-Ṭahṭānijj im 2ten Monat Ǵumādā des Jahres 1295." (2—30 Juni A. D. 1878). Das Ms. enthält viele Fehler, und ist, auch abgesehen von der Lücke, sehr unvollständig. Die meisten von den oben erwähnten Nachträgen fehlen darin.

Noch bemerke ich, dass diejenigen Stellen, die in der Leidener Handschrift von der Hand des Maḳrīzijj selbst herrühren, zwischen den Zeichen >………………< stehen.

Es sei mir erlaubt am Schlusse dieser einleitenden Bemer-

---

1) Vergl. über Rifāʿa Beg, Les Séances de Hariri par Sylv. de Sacy 2e ed. Introduction pag. 72: „Le Scheikh Refaa un des Égyptiens, qui furent envoyés il y a vingt cinq ans en France pour s'initier à la civilisation Européenne, et qui passe avec raison dans son pays pour un homme profondément versé dans les choses arabes, etc." Vergl. auch Nouveau Journal Asiatique XV, 366 seqq.

2) Sonst gewöhnlich in den Titeln der von Rifāʿa Bak verfassten Schriften الطهطاوىّ At-Tahtāwijj.

كتاب

النزاع والتخاصم

فيما بين بنى أميّة وبنى هاشم

تأليف الشيخ الإمام العالم العلّامة الحبر

الحجّة الحافظ وحيد دهره وفريد عصره تقىّ الدين أبى محمّد

وأبى العبّاس أحمد بن علىّ بن عبد القادر بن محمّد

ابن إبرهيم بن محمّد بن تميم المَقْريزىّ الشافعىّ

طبع

فى مدينة لَيْدن المحروسة

بمطبع بريل

سنة ١٨٨٨ المسيحيّة

بسم الله الرحمن الرحيم

الحمد لله المعطى ما شاء من شاء لا مانع لعطائه ولا رادّ لمراده وقضائه أحمده بما هو أهله من المحامد وأشكره على فضله المتزايد وأشهد أن لا اله الّا الله وحده لا شريك له ولا معاند وأشهد أنّ محمّدا عبده ورسوله ونبيّه وخليله اللهمّ صلّ عليه وعلى آله وصحابته ومحبّيه وأهل طاعته وسلّم وشرّف وكرّم

أمّا بعدُ فانّى كثيرا ما كنت أتعجّب من تطاول بنى أميّة الى الخلافة مع بعدهم من جِذْم[a] رسول الله صلّى الله عليه وسلّم وقرب بنى هاشم وأقول كيف حدّثتهم أنفسهم بذلك وأين بنو أميّة وبنو مروان ابن الحكم طريد رسول الله صلّى الله عليه وسلّم ولعينه من هذا الحديث مع تحكّم العداوة بين بنى أميّة وبنى هاشم فى أيّام جاهليّتها ثمّ شدّة عداوة بنى أميّة لرسول الله صلّى الله عليه وسلّم ومبالغتهم فى أذاه وتماديهم على تكذيبه فيما جاء به منذ بعثه الله عزّ وجلّ بالهدى ودين الحقّ الى أن فتح مكّة شرّفها الله تعالى فدخل من دخل منهم فى الاسلام كما هو معروف مشهور وأردّد قول القائل

كَمْ مِنْ بَعِيدِ الدَّارِ نَالَ مُرَادَهُ   وَآخَرُ دَانِى الدَّارِ وَهْوَ بَعِيدُ

فلعمرى لا بعد أبعد ممّا كان بين بنى أميّة وبين هذا الأمر إذ ليس لبنى أميّة سبب الى الخلافة ولا بينهم وبينها نسب الّا أن يقولوا انّا من قريش فيساوون فى هذا الاسم قريش الظواهر

---

a) In Lugd. am Rande von der Hand des Verfassers: جذم كلّ شىء أصله والجمع أَجْذَام وجذوم.

لأنّ قوله صلّى الله عليه وسلّم الأئمّة من قريش واقع على كلّ قرشيّ ومع ذلك فأسباب الخلافة معروفة وما يدّعيه كلّ جيل معلوم والى كلّ ذلك قد ذهب الناس فمنهم من ادّعاها لعليّ بن أبى طالب رضى الله عنه باجتماع القرابة والسابقة والوصيّة بزعمهم فان كان الأمر كذلك فليس لبنى أميّة فى شىء من ذلك دعوى عند أحد من أهل القبلة وإن كانت انّما تنال الخلافة بالوراثة وتستحقّ بالقرابة وتستوجب بحقّ العصبيّة فليس لبنى أميّة فى ذلك متعلّق عند أحد من المسلمين وإن كانت لا تنال إلّا بالسابقة فليس لهم فى السابقة قديم مذكور ولا يوم مشهور بل لو كانوا اذ لم تكن لهم سابقة ولم يكن فيهم ما يستحقّون به الخلافة لم يكن فيهم ما يمنعهم منها أشدّ المنع كان أهون وكان الأمر عليهم أيسر فقد عرفنا كيف كان أبو سفين فى عداوته النبىّ[a] صلّى الله عليه وسلّم وفى محاربته وفى اجلابه عليه وفى غزوه إيّاه وعرفنا اسلامه كيف أسلم وخلاصه كيف خلص على أنّه انّما أسلم على يد العبّاس رضى الله عنه والعبّاس هو الذى منع الناس من قتله وجاء به رديفا الى النبىّ صلّى الله عليه وسلّم وسأل أن يشرّفه وأن يكرمه وينوّه به وتلك يد بيضاء ونعمة غرّاء ومقام مشهور وخبر غير منكور فكان جزاء ذلك من بنيه أن حاربوا عليّا وسمّوا الحسن وقتلوا الحسين وحملوا النساء على الأقتاب حواسر[b] وكشفوا عن عورة علىّ بن الحسين حين أشكل عليهم بلوغه كما يصنع بذرارىّ المشركين اذا دُخلت ديارهم عنوة وبعث معوية بن أبى سفين الى اليمن بُسْر بن أَرْطاة فقتل ابنى عُبَيد الله بن العبّاس

a) So die Codd. b) Codd. حواسرا.

وهما غلامان لم يبلغا الحلم فقالت أمّهما عائشة بنت عبد الله ابن عبد المَدان بن الدّيّان ترثيهما

يا مَنْ أَحسّ بُنَيَّيَّ *a* اللَّذَيْنِ هُمَا كالدُّرَّتَيْنِ تَشَظَّى عَنْهُمَا الصَّدَفُ
أُنْحِى عَلَى وَدَجَىْ طِفْلَيَّ مُرْهَفَةً مَطْرُورَةً وَعَظِيمُ الْاثْمِ يُقْتَرَفُ

وقتلوا لصُلْب علىّ بن أبى طالب تسعة ولصُلْب عَقيل بن أبى طالب تسعة ولذلك قالت نائحتهم

عَيْنِ جُودِى بِعَبْرَةٍ وَعَوِيلِ وَانْدُبِى انْ نَدَبْتِ آلَ الرَّسُولِ
تِسْعَةٌ مِنْهُمُ لِصُلْبِ عَلِيٍّ قَدْ أُصِيبُوا وَتِسْعَةٌ لِعَقِيلِ

هٰذا وهم يزعمون أنّ عقيلا أعان معوية على علىّ فإن كانوا كاذبين فما أَوْلاهم بالكذب وإن كانوا صادقين فما جازوه خيرا اذ ضربوا عنق مُسْلم بن عقيل صبرا وقتلوا معه هانئ بن عُرْوة لأنّه آواه ونصره قال الشاعر

فَإِنْ كُنْتِ لَا تَدْرِينَ مَا الْمَوْتُ فَانْظُرِى
إِلَى هَانِئٍ فِى السُّوقِ وَابْنِ عَقِيلِ
تَرَى بَطَلًا قَدْ هَشَّمَ السَّيْفُ رَأْسَهُ
وَآخَرَ يُرْمَى مِنْ طَمَارٍ قَتِيلَ *b*

وأكلت هند كبد حَمْزة فمنهم آكلة الأكباد ومنهم كهف النفاق ونقروا بالقضيب بين ثنيّتى الحسين ونبشوا زيدا وصلبوه وألقوا رأسه فى عرصة الدار تطأه الأقدام وتنقر دماغه الدجاج حتّى قال القرشىّ

اطْرُدِ الدِّيكَ عَنْ ذُؤَابَةِ زَيْدٍ طَالَ مَا كَانَ لَا تَطَاهُ الدَّجَاجُ

وقال شاعر بنى أميّة

---

a) Codd. ببنى. *b*) So die Codd. Nach Jāķūt III, 546, Ad-Dainawarijj 255 u. a. wird zu lesen sein: الَى بَطَلٍ u. am Ende قَتِيلِ.

صَلَبْنَا لَكُمْ زَيْدًا عَلَى جِذْعِ نَخْلَةٍ
وَلَمْ نَرَ مَهْدِيًّا عَلَى ٱلْجِذْعِ يُصْلَبُ

وقتلوا يَحْيَى بن زيد وسمّوا قاتله ثائر مرون وناصر الدين a وضربوا علىّ بن عبد الله بن العبّاس بالسياط مرّتين على أن تزوج بنت عمّه الجَعْفَرِيّة التى كانت عند عبد الملك بن مروان وعلى أن نحلوه قتل سَليط وسمّوا أبا هاشم بن محمّد بن علىّ وضرب سُليمن بن حَبيب بن المُهَلّب أبا جعفر المنصور بالسياط قبل الخلافة وقتل مرون الحمار الامام ابرهيم بن محمّد بن علىّ أدخل رأسه فى جراب نورة حتّى مات وقتلوا يوم الحَرّة عَوْن بن عبد الله بن جعفر وقتلوا يوم الطَّفّ مع الحسين أبا بكر بن عبد الله ابن جعفر وقتلوا يوم الحرّة الفضل بن العبّاس بن رَبيعة بن الحرث بن عبد المطّلب والعبّاس بن عُتْبة بن أبى لَهَب وعبد الرحمن بن العبّاس بن ربيعة بن الحرث بن عبد المُطّلب ومع ذلك كلّه فانّ عبد الملك بن مروان أبا b الخلفاء من بنى مرون أعرق الناس فى الكفر لأنّ جدّه لأبيه الحكم بن أبى العاصى لعين رسول الله صلّى الله عليه وسلّم وطريده وجدّه لأمّه معوية بن المُغيرة بن أبى العاصى طرده رسول الله صلّى الله عليه وسلّم ثمّ قتله علىّ وعمّار صبرا ولا يكون أمير المؤمنين الّا أولاهم بالايمان وأقدمهم فيه هذا وبنو أميّة قد هدموا الكعبة

---

a) Argent. u. Vindob. ناصر الدعى und in Vindob. dazu dio Bemerkung am Rande: أُسقط الألف وهو الداعى للحق.

b) Codd. أبو.

وجعلوا الرسول دون الخليفة وختموا فى أعناق الصحابة وغيّروا أوقات الصلاة ونقشوا أكفّ المسلمين ومنهم من أكل وشرب على منبر رسول الله صلّى الله عليه وسلّم ونهبت الحرم ووطئت المسلمات فى دار الاسلام بالبَقيع فى أيّامه وكان أبو جعفر المنصور اذا ذكر ملوك بنى أُميّة قال كان عبد الملك جبّارا لا يبالى ما صنع وكان الوليد مجنونا وكان سليمن همّه بطنه وفرجه وكان عمر أعور بين عميان فاذا قيل عدل قال انّ من عدله أن لا يقبلها ممّن لم يكن لها أهلا ويتولّاها بغير استحقاق وكان رَجُلهم هشام وقد صدق أبو جعفر وكان يقال لهشام الأحول السرّاق لأنّه ما زال يُدْخِل عطاء الجند شهرا فى شهر حتّى أخذ لنفسه مقدار أرزاق سنة فلذلك قالوا الأحول السرّاق وقال خاله ابرهيم بن هشام المَخْزوميّ ما رأيت من هشام خطأ قطّ الّا مرّتين فانّ الحادى حدا به مرّة فقال

انّ عَلَيْكَ أَيُّهَا الْبُخْتِيُّ   أَكْرَمَ مَنْ تَمْشِى بِهِ الْمَطِيُّ

فقال صدق قولك وقال مرّة والله لأشكونّ سليمن بن عبد الملك يوم القيمة الى أمير المؤمنين عبد الملك بن مروان وهذا ضعف شديد وجهل عظيم وكان هشام يقول والله انّى لأستحى الله أن أعطى رجلا أكثر من أربعة آلاف درهم وقدّم هشام ابنه سعيدا على حِمْص فرمى بالنساء فكتب أبو الجَعْد الطائىّ الى هشام مع خصىّ وأعطاه فرسا على أن يبلغ الكتاب وفيه

أَبْلِغْ لَدَيْكَ أَمِيرَ الْمُؤْمِنِينَ فَقَدْ   أَمْدَدْتَنَا بِأَمِيرٍ لَيْسَ عِنِّينَا
طَوْرًا يُخَالِفُ عَمْرًا فِى حَلِيلَتِهِ   وَعِنْدَ رَاحَةَ يَبْغِى الْأَجْرَ وَالدِّينَا

فعزله وقال يابن الخبيثة تزنى وأنت ابن أمير المؤمنين أعجزت أن

تفجر فجور قريش قبل هذا وأخذ *a* مالى هذا لا يلى لى عملا أبدا وحسبك من عبد الملك بن مروان قيامه على منبر الخلافة وهو يقول ما أنا بالخليفة المستضعف ولا بالخليفة المداهن ولا بالخليفة المأفون وهؤلاء هم سلفه وأئمّته وبشفعتهم *b* قام ذلك المقام وبتأسيسهم وتقدّمهم نال تلك الرياسة ولولا العادة المتقدّمة والأجناد المجنّدة والصنائع القائمة لكان أبعد خلق الله من ذلك المقام فالمستضعف عنده عثمن بن عفّان والمداهن عنده معوية والمأفون عنده يزيد بن معوية والضعيف لا يكون خليفة لأنّه الذى ينال القوىّ منه عند انتشار الأمر عليه والمداهن لا يكون اماما ولا يوثق منه بعقد ولا بوفاء عهد ولا بضمير صحيح ولا بغيب كريم والمأفون لا يكون اماما وهذا الكلام نقص لسلطانه وعداوة لأهله وافساد لقلوب شيعته وقرّة عين عدوّه وعجز فى رأيه فانّه لم يقدر على اظهار قوّته الّا بأن يظهر عجز أئمّته وقد كانت المنافرة لا تزال بين بنى هاشم وبنى عبد شمس بحيث أنّه يقال أنّ هاشما وعبد شمس ولدا توأمين خرج عبد شمس فى الولادة قبل هاشم وقد لصقت أصبع أحدهما بجبهة الآخر فلمّا نزعت دمى المكان فقيل سيكون بينهما أو بين ولديهما دم فكان كذلك ويقال أنّ عبد شمس وهاشما كانا يوم ولدا فى بطن واحد وكانت جباههما ملصقة بعضها ببعض فأخذ السيف ففرق بين جباههما بالسيف فقال بعض العرب ألّا فرق ذلك بالدرهم فانّه لا يزال السيف بينهم

---

a) Vindob. u. Argent. وأظنّه قال (?) *b*) Argent. وبشفاعتهم Lugd. ausdrücklich wie oben.

وفى أولادهم الى الأبد وكانت المنافرة بين هاشم بن عبد مَنَاف ابن قُصَىّ وبين ابن أُخيه أُمَيّة بن عبد شمس بن عبد مناف وسببها أنّ هاشما كانت اليه الرفادة a التى سنّها جدّه قصىّ بن كِلاب بن مُرّة مع السقاية وذلك أنّ أخاه عبد شمس كان يسافر وقلّما يقيم بمكّة وكان رجلا مقلّا وله ولد كثير فاصطلحت قريش على أن ولى هاشم السقاية والرفادة وكان هاشم رجلا موسرا وكان اذا حضر موسم الحجّ قام فى قريش فقال يا معشر قريش انّكم جيران الله وأهل بيته وانّكم يأتيكم فى هذا الموسم زوّار الله يعظّمون حرمة بيته وهم ضيف الله وأحقّ الضيف بالكرامة ضيفه وقد خصّكم الله بذلك وأكرمكم به حفظ b منكم أفضل ما حفظ جار من جاره فأكرموا ضيفه وزوّاره فانّهم يأتون شُعْثًا غُبرا من كلّ بلد على ضوامر c كالقداح d وقد أَزْحَفوا e وتَفِلوا وقَمِلوا وأَرْمَلوا فاقروهم وأغنوهم وأعينوهم فكانت قريش ترافد على ذلك

---

a) In Lugd. von der Hand des Verfassers die Glosse: الرفادة من الرِفْد وهو الاعانة رَفَدَه يَرفِدُه رِفْدا أعطاه وقد بسطتُ القول فيها فى كتاب الخبر عن البَشَر. *b*) Vindob. u. Argent. حفظه. *c*) In Lugd. von der Hand des Verfassers die Glosse: ضوامر جمع ضامر وهو الجمل الذى هزل. *d*) In Lugd. von Al-Maḳrîzijj die Glosse: القداح وأحدها قِدْح بكسر القاف وهى السهام وقيل العُود اذا قطع على مقدار النبل. *e*) In Lugd. Al-Maḳrîzijj am Rande: يقال أَزْحَف الرجل اذا أعيَت ابله وتَفِل اذا ترك الطيب وقَمِل كثر قمله وأَرْمَلوا احتاجوا يقال رجل أرمل وامرأة أرملة أى محتاجة.

حتّى أن كان أهل البيت ليرسلون بالشىء اليسير على قدرهم فيضمّه هاشم الى ما أخرج من ماله وما جمع ممّا يأتيه به الناس فإن عجز كمّله وكان هاشم يخرج فى كلّ سنة مالا كثيرا وكان قوم من قريش يترافدون فكانوا أهل يسار فكان كلّ انسان منهم ربّما أرسل بمائة مثقال هرقليّة وكان هاشم يأمر بحياض من أدم فتجعل فى موضع زمزم من قبل أن تحفر زمزم ثمّ يستقا فيها من البئار التى بمكّة فيشرب الحاجّ وكان يطعمهم أوّل ما يطعمهم قبل التروية بيوم بمكّة ويطعمهم بمنا وبعرفة وبجمع فكان يثرد لهم الخبز واللحم والخبز والسمن والسويق والتمر ويحمل لهم الماء حتّى يتفرّق الناس لبلادهم وكان هاشم يسمّى عمرا وانّما قيل له هاشم لهشمه الثريد وهو أوّل من أطعم الثريد بمكّة وكان أميّة بن عبد شمس ذا مال فتكلّف أن يفعل كما فعل هاشم من اطعام قريش فعجز عن ذلك فشمت به ناس من قريش وعابوه فغضب ونافر *a* هاشما على خمسين ناقة سود الحدق تنحر بمكّة وعلى جلاء *b* عشر سنين وجعلا بينهما الكاهن الخزاعىّ جدّ عمرو بن الحمق *c* وكان منزله عسفان وخرج مع أميّة أبو

a) In Lugd. die Glosse: نافر الرجل منافرة ونفارا حاكم قال أبو علىّ الفارسىّ المنافرة المحاكمة نافرت فلانا الى فلان فنفّرنى عليه أى غلّبنى وكان المنافرة كانت أوّلا أنّهم يسعلون أيّنا أعزّ نفرا.
b) In Lugd. die Glosse: جلا القوم عن الموضع رحلوا يقال جلوا من الخوف وأجلوا من الخوف. *c*) In Lugd. am Rande die Bemerkung: عمرو بن الحمق بن كاهن بن حبيب الخزاعىّ وقيل عمرو بن الحمق هو سعد [lies: من بنى سعد] بن كعب أحد الصحابة مات سنة خمسين.

هَمْهمة حبيب بن عامر بن عَميرة بن وديعة بن الحٰرث بن فِهْر ابن مالك الفهرىّ *a* فقال الكاهن

والقمر الباهر والكوكب الزاهر والغمام الماطر وما بالجوّ من طائر وما اهتدى بعلم *b* مسافر من منجد وغائر لقد سبق هاشم أميّة الى المآثر أوّل منه وآخر وأبو هَمْهمة بذٰلك خابر *c*

فأخذ هاشم الابل فنحرها وأطعم لحمها من حضر وخرج أميّة الى الشأم فأقام به عشر سنين فكان هٰذا أوّل عداوة وقعت فى بنى هاشم وبنى أميّة ولم يكن أميّة فى نفسه هناك وانّما رفعه أبوه وبنوه وكان مضعوفا وكان صاحب عهار يدلّ على ذٰلك قول نُفَيل بن عبد العزّى جدّ أمير المؤمنين عمر بن الخطّاب رضى الله عنه حين تنافر اليه حرب بن أميّة وعبد المطّلب بن هاشم فنفّر عبد المطّلب وتعجّب من اقدامه عليه وقال

أَبُوكَ مُعَاهِرٌ وَأَبُوهُ عَفٌّ وَذَادَ الْفِيلَ عَنْ بَلَدٍ حَرَامِ

وذٰلك أنّ أميّة كان يعرض لامرأة من بنى زُهْرة فضربه رجل منهم ضربة بالسيف وأراد بنو أميّة ومن تابعهم اخراج زهرة من مكّة فقام دونهم قيس بن عدىّ السَّهْمىّ وكانوا أخواله وكان منيع

---

a) Al-Maḳrīzijj hat in Lugd. die Bemerkung am Rande hinzugefügt: عند ابن الكلبىّ أنّه أبو هَمهمة واسمه عمرو بن عبد العزّى بن عامرة بن عَميرة بن وديعة بن الحٰرث بن محمّد وأمّه وأمّ اخوته طريف وسلامان وجابر قُلابة بنت عبد مناف ابن قصىّ وأبو همهمة جدّ حرب بن أميّة بن عبد شمس أبو أمّه وكان أبو همهمة شريفا. *b*) Lies: به من علم? *c*) In Lugd. die Glosse: رجل خابر وخبير عالم بالخبر.

الجانب شديد العارضة حمىّ الأنف أبىّ النفس فقام دونهم وصاح أَصْبِحْ لَيْلُ فذهبت مثلا ونادى ألا إنّ الظاعن مقيم ففى هذه القصّة يقول وهب بن عبد مناف بن زهرة

مَهْلًا أُمَيَّ فَإِنَّ ٱلْبَغْيَ مَهْلَكَةٌ   لا يَكْسِبَنَّكَ ثَوْبًا شَرُّهُ ذَكَرُ
تَبْدُو كَوَاكِبُهُ وَٱلشَّمْسُ طَالِعَةٌ   يُصَبُّ فِي ٱلْكَأْسِ مِنْهُ ٱلصَّابُ وَٱلْمَقِرُ

وصنع أميّة فى الجاهليّة شيئا لم يصنعه أحد من العرب زوّج ابنه أبا عمرو بن أميّة امرأته فى حياة منه والمَقْتيّون فى الاسلام هم الذين أولدوا نساء آبائهم واستنكحوهنّ من بعد موتهم وأمّا أن يتزوّجها فى حياته ويبنى عليها وهو يراه فانّ هذا لم يكن قطّ وأميّة قد جاوز هذا المعنى ولم يرض بهذا المقدار حتّى نزل عنها له وزوّجها منه وأبو مُعَيط بن أبى عمرو بن أميّة قد زاد فى المقت درجتين[a] ثمّ نافر حرب بن أميّة عبد المطّلب بن هاشم من أجل يهودىّ كان فى جوار عبد المطّلب فما زال أميّة يغرى به حتّى قتل وأخذ ماله فى خبر طويل وتمادت العداوة بين البيتين حتّى قام سيّد بنى هاشم أبو القسم محمّد بن عبد الله بن عبد المطّلب بن هاشم رسول الله صلّى الله عليه وسلّم بمكّة يدعوا قريشا الى توحيد الله تعالى جلّت قدرته وترك ما

---

a) In Lugd. ist von einer späteren Hand in margine hinzugesetzt: وقد روى سَفينة عن أمّ سَلِمة أنّه قال لها انّ بنى أميّة يزعمون أنّ الخلافة فيهم فقالت كذبت أُستاه بنى الزرقاء بل هم ملوك ومن شرّ الملوك ويقال أنّ الزرقاء هذه هى أمّ بنى أميّة بن عبد شمس واسمها أرنب وكانت فى الجاهليّة من صواحب الرايات.

كانت تعبد من دون الله فانتدب لعداوته صلّى الله عليه وسلّم جماعة بنى أميّة منهم أبو أُحَيْحة سَعيد بن العاصى بن أميّة حتّى هلك على كفره بالله فى أوّل سنة من الهجرة أو فى سنة اثنين وهو يحادّ الله ورسوله ومنهم عُقْبة بن أبى مُعَيط أَبان بن عمرو بن أميّة وكان أشدّ الناس عداوة لرسول الله صلّى الله عليه وسلّم وأذًى الى أن قاتل يوم بدر فأُتى به الى رسول الله صلّى الله عليه وسلّم وقد أُسر فأمر بضرب عنقه فجعل يقول يا ويلتى علام أقتل يا معشر قريش أأقتل من بين هٰؤلاء فقال رسول الله صلّى الله عليه وسلّم لعداوتك لله ولرسوله فقال يا محمّد مَنُّك أَفْضَلُ فاجعلنى كرجل من هٰؤلاء من قومى وقومك يا محمّد من للصبية قال النار وضرب عنقه وقيل أنّ رسول الله صلّى الله عليه وسلّم أمر به فصلب فكان أوّل مصلوب فى الاسلام وقال عَطاء عن الشَّعْبىّ أنّ رسول الله صلّى الله عليه وسلّم قال لعقبة بن أبى معيط يوم بدر والله لأقتلنّك فقيل أتقتله من بين قريش قال نعم انّه وطئ على عنقى وأنا ساجد فما رفعت حتّى ظننت أنّ عينىّ قد سقطتا وجاء يوما وأنا ساجد بسَلَى شاة فألقاه على رأسى فأنا قاتله ومنهم الحكم بن أبى العاصى بن أميّة وكان عارا فى الاسلام وكان مؤذيا لرسول الله صلّى الله عليه وسلّم بمكّة يشتمه ويسمعه ما يكره فلمّا كان فتح مكّة أظهر الاسلام خوفا من القتل فلم يحسن اسلامه وكان مغموصا *a* عليه فى دينه ثمّ قدم المدينة فنزل على عثمان ابن عفّان بن أبى العاصى بن أميّة رضى الله عنه وكان يطالع

---

a) In Lugd. am Rando von Al-Maḳrîzî: غَمَصَه يَغْمِصُه غَمْصًا حَقَّره ورجل مغموص عليه فى دينه أى مطعون عليه.

الأعراب والكفّار بأخبار رسول الله صلّى الله عليه وسلّم وبينا رسول الله صلّى الله عليه وسلّم يمشى ذات يوم مشى الحكم خلفه فجعل يختلج بأنفه وفه كأنّه يحاكى رسول الله صلّى الله عليه وسلّم ويتفكّك ويتمايل فالتفت رسول الله صلّى الله عليه وسلّم فرآه فقال له كن كذلك فما زال بقيّة عمره على ذلك وأطلع يوما على رسول الله صلّى الله عليه وسلّم وهو فى حُجْرة بعض نساءه فخرج اليه بعَنَزة فقال من عَذِيرى من هذا الوَزَغة لو أدركته لفقأتُ عينه وقال زُهَير بن محمّد عن صالح بن أبى صالح قال حدّثنى نافع بن جُبَير بن مُطْعِم عن أبيه قال كنّا مع النبىّ صلّى الله عليه وسلّم فمرّ الحكم بن أبى العاصى فقال النبىّ صلّى الله عليه وسلّم ويل لأمّتى ممّا فى صلب هذا ثمّ إنّ النبىّ صلّى الله عليه وسلّم لعنه وما ولد وغرّبه عن المدينة فلم يزل خارجا عنها بقيّة حياة رسول الله صلّى الله عليه وسلّم وخلافة أبى بكر وعمر رضى الله عنهما فلمّا استخلف عثمان رضى الله عنه ردّه إلى المدينة وولده فكان ذلك ممّا أنكره الناس على عثمان وكان أعظم الناس شؤما على عثمن فانّهم جعلوا ادخاله المدينة بعد اطراد النبىّ إيّاه وبعد امتناع أبى بكر وعمر من ذلك أكبر الحجج على عثمن رضى الله عنه ومات فى خلافته فضرب على قبره فُسْطاطا وقد قالت عائشة رضى الله عنها لمروان بن الحكم أشهد أنّ رسول الله صلّى الله عليه وسلّم لعن أباك وأنت فى صلبه وقال عبد الرحمن بن حسّان بن ثابت لمروان بن الحكم

إنّ اللّعينَ أباكَ a فارمِ عِظامَهُ

---

a) So die Codd. Lies: إنّ اللّعينَ أبوكَ?

انْ تَرْمِ تَرْمِ مُخَلَّجًا مَجْنُونَا
يُضْحِى خَمِيصَ الْبَطْنِ مِنْ عَمَلِ التُّقَى
وَيَظَلُّ مِنْ عَمَلِ الْخَبِيثِ بَطِينَا

وكان الحكم هٰذا يقال له طريد رسول الله ولعينه وهو والد مروان ابن الحكم الذى صارت الخلافة اليه بالغلبة وتوارثها بنوه من بعده وكان رجلا لا فقه له ولا يعرف بالزهد ولا برواية الآثار ولا بصحبة ولا ببعد همّة وانّما ولى رستاقا من رساتيق دَرَابْجِرْد لابن عامر ثمّ ولى البحرين لمعٰوية وقد كان جمع أصحابه ومن تابعه ليبايع ابن الزبير حتّى ردّه عبيد الله بن زياد وقال يوم مَرْج راهط والرؤس تنبذ عن كواهلها

وَمَا ذَا لَهُمْ غَيْرَ حَيْنِ[a] النُّفُوسِ أَىُّ غُلَامَىْ قُرَيْشٍ غَلَبْ

وهٰذا كلام من لا يستحقّ أن يلى ربعا من الأرباع ولا خمسا من الأخماس فكان مروان أوّل من شقّ عصا للاسلام بغير تأويل وقال لخالد بن يزيد بن معٰوية وأمّ خالد يومئذ عنده اسكت يابن الرطبة فكان حتفه فى هٰذه الكلمة وكتب عبد الملك بن مروان الى محمّد بن الحنفيّة من عبد الملك أمير المؤمنين الى محمّد ابن الحنفيّة فلمّا نظر الى عنوان الصحيفة استرجع وقال الطلقاء ولعناء رسول الله صلّى الله عليه وسلّم على سائر الناس والذى نفسى بيده انّها لأمور لا يقرّ قرارها ومنهم عُتْبة بن ربيعة بن عبد شمس بن أميّة أحد من عادى الله ورسوله الى أن قتل ببدر

---

a) Lugd. حيس Argent. und Vindob. حبس Ṭabarijj II 478:

وَمَا ضَرَّهُمْ غَيْرَ حَيْنِ النُّفُوسِ أَىُّ أَمِيرَىْ قُرَيْشٍ غَلَبْ

كافرا فقتله حمزة بن عبد المطّلب رضى الله عنه وعتبة هٰذا هو أبو هند بنت عتبة التى لَاكَتْ كَبِدَ حمزة بن عبد المطّلب رضى الله عنه ثمّ لفظَتْها واتّخذت ممّا قطعت منه مَسْكَين *a* ومعضدَين وخدمتين وأعطت وَحْشيّا *b* قاتل حمزة حُليًّا كان عليها من وَرِقٍ وجَزْع وخواتيم ورق كانت فى أصابع رجليها كلّ ذٰلك شمَاتًا بحمزة رضى الله عنه من أجل أنّه قتل أباها عتبة رأس الكفر فى يوم بدر وقيل بل قتله عبيدة بن *c* الحٰرث بن عبد المطّلب وأنشدت هند

عَيْنَيَّ جُودَا بِدَمْعٍ سَرِبْ   عَلَى خَيْرِ خِنْدِفَ لَمْ يَنْقَلِبْ
تَدَاعَى بِهِ رَهْطُهُ قُصْرَةً *d*   بَنُو هَاشِمٍ وَبَنُو الْمُطَّلِبْ

وقيل أنّ عليّا لمّا فرغ من الوليد بن عتبة مال مع عبيدة على عتبة فقتلاه جميعا وهند هٰذه أمر رسول الله صلّى الله عليه وسلّم يوم فتح مكّة بقتلها فأسلمت ولمّا حضرت مع النساء لتبايع بيعة الاسلام كان ممّا قال لهنّ رسول الله صلّى الله عليه وسلّم ولا تقتلن أولادكنّ فقالت ربّيناهنّ يا محمّد صغارا وقتلتهنّ

---

a) In Lugd. von Al-Maḳrīzijj die Glossen: المسك بفتح الميم الأسورة والخلاخيل من الذبل والعاج والقرون المعضد ما عمل فى العضد من الخرز. الخدمة الخلخال. *b*) In Lugd. am Rande von der Hand des Verfassers: وَحْشيّ بن حرب الحبشيّ أحد سودان مكّة مولى طُعَيمة بن عدىّ وقيل مولى جُبَير بن مُطْعِم ابن عدىّ أسلم. *c*) In Lugd. fehlt بن. *d*) Ibn Hišām S. 536: تَدَاعَى لَهُ رَهْطُهُ غُدْوَةً.

كبارا وهى أمّ معاوية بن أبى سفين الذى قاتل علىّ بن أبى طالب رضى الله عنه وأخذ الخلافة من الحسن بن علىّ رضى الله عنه واستلحق *a* زياد بن سُمَيّة من زِنْيةٍ واستخلف على الأمّة ابنه يزيد القُرود *b* ويزيد الخمور ومنهم الوليد بن عتبة بن ربيعة وقتل ببدر كافرا قتله علىّ رضى الله عنه والوليد هذا هو خال معوية ومنهم شَيْبة بن ربيعة بن عبد شمس عمّ هند أمّ معاوية وكان يجتمع مع قريش فيما تكيد رسول الله صلّى الله عليه وسلّم من الأذى وقتله الله يوم بدر فيمن قتل من أعدائه ومنهم أبو سفين صَخْر بن حرب بن أميّة قائد الأحزاب الذى قاتل رسولَ الله صلّى الله عليه وسلّم يوم أحد وقتل من خيار أصحابه سبعين ما بين مهاجرىّ وأنصارىّ منهم أسد الله حمزة بن عبد المطّلب ابن هاشم وقاتل رسول الله صلّى الله عليه وسلّم فى يوم الخندق أيضا وكتب اليه باسمك اللهمّ أحلف باللات والعُزّى وسَاف *c* ونائلة وهُبَل لقد سرتُ اليك أريد استئصالكم فأراك قد اعتصمت بالخندق فكرهتَ لقاءنا ولك منّى كيوم أُحُد وبعث بالكتاب مع أبى أُسامة الجُشَمىّ فقرأه على النبىّ صلّى الله عليه وسلّم أُبَىّ بن كعب رضى الله عنه فكتب اليه رسول الله صلّى الله عليه وسلّم قد أتانى كتابك وقديما غرّك يأحمق بنى غالب وسفيههم

---

a) Argent: واستخلف mit der Randbemerkung: هكذا بأصله وصوابه واستلحَق. *b*) In Argent. die Randbemerkung: قوله يزيد القرود سمّى بذلك لأنّه كان له قرد يلعب معه الشطرنج وكان يسمّيه أبا قيس. *c*) So Lugd. für إساف Argent. ويساف.

بالله الغرور وسيحول الله بينك وبين ما تريد ويجعل لنا العاقبة وليأتينّ عليك يوم أكسر فيه اللات والعزّى وساف ونائلة وهبل يا سفيه بنى غالب ولم يزل يحادّ الله ورسوله حتّى سار رسول الله صلّى الله عليه وسلّم لفتح مكّة فأتى به العبّاس بن عبد المطّلب رضى الله عنه رسول الله صلّى الله عليه وسلّم وقد أردفه وذلك أنّه كان صديقه ونديمه فى الجاهليّة فلمّا دخل به على رسول الله صلّى الله عليه وسلّم سأله أن يؤمنه فلمّا رآه رسول الله صلّى الله عليه وسلّم قال له ويلك يا أبا سفين ألم يأنِ لك أن تعلم أن لا اله الّا الله فقال بأبى أنت وأمّى ما أوصلك وأحلمك وأكرمك والله لقد ظننت أنّه لو كان مع الله غيره لقد أغنا عنّى شيئا فقال يأبا سفين ألم يأنِ لك أن تعلم أنّى رسول الله فقال بأبى أنت وأمّى ما أوصلك وأحلمك وأكرمك أمّا هذه ففى النفس منها شىء فقال له العبّاس ويلك اشهد بشهادة الحقّ قبل أن تضرب عنقك فشهد وأسلم فهذا حديث اسلامه كما ترى واختلف فى حسن اسلامه فقيل أنّه شهد حُنَيْنا مع رسول الله صلّى الله عليه وسلّم وكانت الأزلام معه يَسْتَقْسِم بها وكان كهفا للمنافقين وانّه كان فى الجاهليّة زِنْديقا وفى خبر عبد الله بن الزُبَير أنّه رآه يوم اليَرْموك قال فكانت الروم اذا ظهرت قال أبو سفين ايه بنى الأصفر فاذا كشفهم المسلمون قال أبو سفين

وَبَنُو ٱلْأَصْفَرِ ٱلْمُلُوكُ مُلُوكُ ٱلرُّومِ لَمْ يَبْقَ مِنْهُمُ مَذْكُورُ a)

---

a) In Lugd. am Rande die Bemerk. هذا البيت من جملة أبيات للنعمن بن امرئ القيس بن أوس بن قلابة أحد ملوك الحيرة von der Hand des Verfassers. Vgl. Kitāb al-'Aġānī II, 36.

فحدّث به ابن الزبير أباه لما فتح الله على المسلمين فقال الزبير قاتله الله يأبا الّا نفاقا أولسنا خيرا له من بنى الأصفر وذكر عبد الرّزاق عن ابن المبٰرك عن مالك بن مِغْوَل عن ابن أَبْجَر *a* قال لمّا بويع لأبى بكر الصدّيق رضى الله عنه جاء أبو سفيٰن الى علىّ رضى الله عنه فقال أغلبك على هٰذا الأمر أقلّ بيت فى قريش أما والله لأملأنّها خيلا ورجالا ان شئت فقال علىّ ما زلت عدوّا للاسلام وأهله فما ضرّ ذلك الاسلام وأهله شيئا انّا رأينا أبا بكر لها أهلا وذكر المدائنىّ عن أبى زكريّاء العَجْلانىّ عن أبى حازم عن أبى هُرَيرة قال حجّ أبو بكر رضى الله عنه ومعه أبو سفيٰن بن حرب فكلّم أبو بكر أبا سفيٰن فرفع صوته فقال أبو قُحافة اخفض صوتك يأبا بكر عن ابن حرب فقال أبو بكر يأبا قحافة انّ الله بنى بالاسلام بيوتا كانت غير مبنيّة وهدم به بيوتا كانت فى الجاهليّة مبنيّة وبيت أبى سفيٰن ممّا هدم فليت شعرى بعد هٰذا بأىّ وجه يبنا بيت أبى سفيٰن بعد ما هدمه الله وروى عن الحسن أنّ أبا سفيان دخل على عثمان رضى الله عنه حين صارت الخلافة اليه فقال قد صارت اليك بعد تَيْم وعَدِىّ فأدرها كالكرة *b* واجعل أوتادها بنى أميّة فانّما هو

---

a) In Lugd. die Randbemerkung des Verfassers: ابن أبجر هو عبد الملك بن سَعيد بن حَيّان بن أبجر. *b*) Lugd.: فتزقّفوها تَزقُّف الكرة وفى رواية von Al-Maḳrīzijj am Rande. Argent. u. Vindob. فتزقّفوها تزقّف [sic] mit der Glosse in Argent.: لعلّه فتلقّفوها تلقّف. Vgl. Masʿūdijj 4, 275. Ṭabarijj III 2170.

الملك ولا أدرى ما جنّة ولا نار فصاح به عثمان قم عنّى فعل الله بك وفعل وأبو سفين هذا هو أبو معوية ولم يزل بعد اسلامه هو وابنه معوية من المؤلّفة ومنهم معوية بن المُغيرة بن أبى العاصى بن أميّة وهو الذى جدع أنف حمزة ومثل به فيمن مثل فلمّا انهزم يوم أحد دخل على عثمان بن عفّان رضى الله عنه ليُجيره وكان رسول الله صلّى الله عليه وسلّم قد أمر بطلبه فأخرج من دار عثمان وأتى به رسول الله صلّى الله عليه وسلّم فوهبه لعثمان وأقسم لئن وجده بعد ثلث بالمدينة وما حولها ليقتلنّ فجهّزه عثمان وسار فى اليوم الرابع فقال رسول الله صلّى الله عليه وسلّم إنّ معوية أصبح قريبا لم ينفذ فاطلبوه واقتلوه فأصابوه فأخذه زيد بن حارثة وعمّار بن ياسر فقتلاه وقيل بل قتله علىّ رضى الله عنه ومعوية هذا هو أبو عائشة أمّ عبد الملك بن مروان فعبد الملك بن مروان أعرق الناس فى الكفر لأنّ أحد أبويه الحكم بن أبى العاصى لعين رسول الله صلّى الله عليه وسلّم وطريده والآخر معوية بن المُغيرة ومنهم حمّالة الحطب واسمها أمّ جَميل بنت حرب بن أميّة كانت تحمل أغصان العضاه [a] والشوك فتطرحها على طريق رسول الله صلّى الله عليه وسلّم قاله الضحّاك عن ابن عبّاس فقال مجاهد حمّالة النميمة تحطب على ظهرها وايّاها عنى الله تعالى بقوله فى سورة [b] تَبَّتْ يَدَا أَبِى لَهَبٍ وَٱمْرَأَتُهُ حَمَّالَةَ ٱلْحَطَبِ فِى جِيدِهَا حَبْلٌ مِنْ مَسَدٍ قيل

---

a) Lugd.: العضاة und daselbst die Glosse von Al-Maḳrîzijj: العضاة [sic] كلّ شجرٍ له شوك. *b*) Sure CXI.

عنى أن فى جيدها سلسلة من نار أى من سلاسل جهنّم والجيد العنق ولمّا نزلت سورة تَبَّتْ يَدَا أَبِى لَهَبٍ وَتَبَّ مَا أَغْنَى عَنْهُ مَالُهُ وَمَا كَسَبَ سَيَصْلَى نَارًا ذَاتَ لَهَبٍ وَٱمْرَأَتُهُ حَمَّالَةَ الحَطَبِ فِى جِيدِهَا حَبْلٌ مِنْ مَسَدٍ قالت امرأة أبى لهب قد هجانى محمّد والله لأهجونّه فقالت

مُذَمَّمًا قَلَيْنَا   وَدِينَهُ أَبَيْنَا   وَأَمْرَهُ عَصَيْنَا

وأخذت فِهْرا لتضربه به فأعشى الله عينها عنه وردّها بغيظها ولم تزل على كفرها حتّى هلكت وما أحد من هؤلاء الذين تقدّم ذكرهم إلّا وقد بذل جهده فى عداوة رسول الله صلّى الله عليه وسلّم وبالغ فى أذى من اتّبعه وآمن به ونالوا منهم من الشتم وأنواع العذاب حتّى فرّوا منهم مهاجرين إلى بلاد الحبشة ثمّ إلى المدينة وأغلقت أبوابهم بمكّة فباع أبو سفين بن حرب بعض دورهم وقضى من ثمنها دينا عليه وهمّوا بقتل رسول الله صلّى الله عليه وسلّم غير مرّة وتناظروا فى أمره ليخرجوه من مكّة أو يقيّدوه ويحبسوه حتّى يهلك أو يندبوا لقتله من كلّ قبيلة رجلا حتّى يتفرّق دمه فى القبائل وبالغ كلّ أحد منهم فى ذلك بنفسه وماله وأهله وعشيرته ونصب لرسول الله صلّى الله عليه وسلّم الحبائل بكلّ طريق سرّا وجهرا ليقتله فلمّا أذن الله له فى الهجرة وخرج من مكّة ومعه صاحبه أبو بكر الصدّيق رضى الله عنه إلى غار ثور جعلوا لمن جاء بهما أو قتلهما ديتهما ويقال جعلوا له مائة بعير ونادوا بذلك فى أسفل مكّة وأعلاها كلّ ذلك حسدا منهم لرسول الله صلّى الله عليه وسلّم وبغيا ويأبى الله إلّا تأييد رسول الله صلّى الله عليه وسلّم وإعلاء كلمه حتّى صدّق

الله وعده ونصر عبده وأعزّ جنده وهزم الأحزاب وحده وظهر أمر الله وهم كارهون كما ذكرت ذلك ذكرا شافيا فى كتاب امتاع الأسماع بما للرسول من الأنبـاء والأحوال والحفدة والمتـاع صلّى الله عليه وسلّم ولله درّ من قال

عَبْدُ شَمْسٍ قَدْ أَضْرَمَتْ لِبَنِي هَا ... شِمٍ حَرْبًا يَشِيبُ مِنْهُ الْوَلِيدُ
فَابْنُ حَرْبٍ لِلْمُصْطَفَى وَابْنُ هِنْدٍ ... لِعَلِيٍّ وَلِلْحُسَيْنِ يَزِيدُ

وما الأمر الّا كما قال الأخْطَل

إِنَّ الْعَدَاوَةَ تَلْقَاهَا وَإِنْ قَدُمَتْ ... كَالْعُرِّ *a* يَكْمُنُ أَحْيَانًا وَيَنْتَشِرُ

وأقول هذا رسول الله صلّى الله عليه وسلّم قد أبعد بنى أميّة عنه وأخرجهم من ذوى قرباه كما خرّجه الامام أبو عبد الله محمّد ابن اسماعيل البُخارىّ رحمه الله فى كتاب فرض الخُمس من الجامع الصحيح فقال حدّثنا عبد الله بن يُوسُف حدّثنا اللَّيْث عن عُقَيل عن ابن شِهاب عن سَعيد بن المُسَيِّب عن جُبَير بن مُطْعِم قال مشيت أنا وعثمان بن عفّان رضى الله عنه الى رسول الله صلّى الله عليه وسلّم فقلنا يا رسول الله أعطيت بنى المطّلب وتركتنا ونحن وهم منك بمنزلة واحدة فقال رسول الله صلّى الله عليه وسلّم انّما بنو المطّلب وبنو هاشم شىء *b* واحد وقال الليث

---

a) In Lugd. von der Hand des Verfassers die Randbemerkung: العُرّ بفتح العين وضمّها الجرب. Vgl. Kāmil. S. 424.

b) Lugd. hat die Randbemerk. des Verfassers: الرواية انّما بنو المطّلب وبنو هاشم شيئا واحدا بالنصب وهو خطأ من الراوى والوجه الرفع على أنّه خبر بنو وليس هنا خبر. Vgl. Ṣaḥīḥ Buḫārijj ed. Krehl. II. 270.

حدّثنى يُونُس وزاد قال جبير ولم يقسم النبىّ صلّى الله عليه وسلّم لبنى عبد شمس ولا لبنى نَوْفَل قال ابن اسحٰق وعبد شمس وهاشم والمطّلب إخوة لأمّ عاتكة بنت مُرّة وكان نوفل أخاهم لأبيهم وذكره البُخارىّ فى مناقب قريش أيضا وقال فى غزوة خَيْبَر حدّثنا يَحْيَى بن بكير حدّثنا اللَّيْث عن يُونُس عن ابن شِهاب عن سَعيد بن المُسَيِّب أنّ جُبَير بن مُطْعِم أخبره قال أتيت أنا وعثمان إلى النبىّ صلّى الله عليه وسلّم فقلنا أعطيت بنى المطّلب من خمس خيبر وتركتنا ونحن وهم بمنزلة واحدة منك فقال انّما بنو هاشم وبنو المطّلب شىء واحد قال جبير ولم يقسم النبىّ صلّى الله عليه وسلّم لبنى عبد شمس وبنى نوفل شيئا وقد خرّج أبو داود رحمه الله هٰذا الحديث من طريق الزُهْرىّ عن سعيد بن المسيّب قال حدّثنى جبير بن مطعم أنّ رسول الله صلّى الله عليه وسلّم لم يقسم لبنى عبد شمس ولا لبنى نوفل شيئا من الخمس كما قسم لبنى هاشم ولبنى المطّلب قال وكان أبو بكر رضى الله عنه يقسم الخمس نحو قسم رسول الله صلّى الله عليه وسلّم غير أنّه لم يكن يعطى قُرْبَى رسول الله صلّى الله عليه وسلّم كما كان يعطيهم رسول الله صلّى الله عليه وسلّم وكان عمر رضى الله عنه يعطيهم ومن كان بعده منه واعلم أنّ قوله عن أبى بكر رضى الله عنه أنّه لم يكن يعطى ذوى القربى كما كان النبىّ صلّى الله عليه وسلّم يعطيهم انّما هو ممّا كان صلّى الله عليه وسلّم يعود به عليهم من سهمهم وكانت حاجة المسلمين أيّام أبى بكر أشدّ لا أنّه رضى الله عنه منعهم الحقّ المفروض لهم الذى سمّاه الله تعالى ورسوله صلّى الله عليه وسلّم لهم

فقد أعاذه الله من ذلك وخرّج أبو داؤد من طريق محمّد بن اسحٰق عن الزهرىّ عن سعيد بن المسيّب قال أخبرنى جبير ابن مطعم قال فلمّا كان يوم خيبر وضع رسول الله صلّى الله عليه وسلّم سهم ذى القربى فى بنى هاشم وبنى المطّلب وترك بنى نوفل وبنى عبد شمس فانطلقت أنا وعثمان بن عفّان حتّى أتينا رسول الله صلّى الله عليه وسلّم فقلنا يا رسول الله هؤلاء بنو هاشم لا ننكر فضلهم للموضع الذى وضعك الله به منهم فما بال اخواننا بنى المطّلب أعطيتهم وتركتنا وقرابتنا واحدة فقال رسول الله صلّى الله عليه وسلّم انّا وبنو المطّلب لا نفترق فى جاهليّة ولا اسلام وانّما نحن وهم شىء واحد وشبّك بين أصابعه وخرّجه اسحٰق بن راهويه عن الزهرىّ عن ابن المسيّب عن جبير مثل ما تقدّم وفيه قال فقسم رسول الله صلّى الله عليه وسلّم سهم خمس الخمس من القمح والتمر والنوى وقال الحسن بن صالح عن السُدّىّ فى ذى القربى هم بنوا عبد المطّلب وخرّج النَسائىّ من حديث سفيٰن عن قَيْس بن مُسْلِم قال سألت الحسن بن محمّد عن قول الله تعالى واعلموا انّما غنمتم من شىء فانّ لله خمسه قال هٰذا مفتاح كلام ولله الدنيا والآخرة قال اختلفوا فى هٰذين السهمين بعد وفاة رسول الله صلّى الله عليه وسلّم سهم الرسول وسهم ذى القربى فقال قائل سهم الرسول للخليفة من بعده وقال قائل سهم ذى القربى لقرابة الرسول وقال قائل سهم ذى القربى لقرابة الخليفة فاجتمع رأيهم على أن يجعلوا هٰذين السهمين فى الخيل والعدّة فى سبيل الله فكان ذلك فى خلافة أبى بكر وعمر رضى الله عنهما وقد روى عن بعض طرق ابن اسحٰق عن الزهرىّ عن ابن

المسيّب أنّ عثمان وجبير بن مطعم كلّما رسول الله صلّى الله
عليه وسلّم فى سهم ذى القربى وقالا قسمته بين بنى هاشم وبنى
المطّلب بن عبد مناف ونحن وبنو المطّلب إليكم فى النسب سواء
فقال رسول الله صلّى الله عليه وسلّم إنّا وهم لم نزل فى الجاهليّة
شيئا واحدا وكانوا معنا فى الشعب كذا وشبّك أصابعه وكان من 5
حديث الشعب على ما ذكر محمّد بن اسحٰق وموسى بن عُقْبة
فذكر ابن اسحٰق أنّ النبىّ صلّى الله عليه وسلّم لمّا مضى
على الّذى بعث به وقامت بنو هاشم وبنو المطّلب دونه وأبوا
أن يسلموه وهم من خلافه على مثل ما قومهم عليه الّا أنّهم أنفوا
أن يستذلّوا ويسلموا أخاهم لمن فارقه من قومه فلمّا فعلت ذلك 10
بنو هاشم وبنو المطّلب وعرفت قريش ألّا سبيل الى محمّد صلّى
الله عليه وسلّم معهم أجمعوا على أن يكتبوا فيما بينهم على بنى
هاشم وبنى المطّلب ألّا ينكحوهم ولا ينكحوا اليهم ولا يبايعوهم ولا
يبتاعوا منهم وكتبوا صحيفة فى ذلك وعلّقوها بالكعبة ثمّ عدوا على
من أسلم فأوثقوهم وآذوهم واشتدّ البلاء عليهم وعظمت الفتنة وزلزلوا 15
زلزالا شديدا وقال ابن عُقْبة واجتمعت قريش فى مكرها أن يقتلوا
رسول الله صلّى الله عليه وسلّم علانية فلمّا رأى أبو طالب عمل
القوم جمع بنى عبد المطّلب وأمرهم أن يدخلوا رسول الله صلّى
الله عليه وسلّم شعبهم ويمنعوه ممّن أراد قتله فاجتمعوا على
ذلك مسلمهم وكافرهم فمنهم من فعله حميّة ومنهم من فعله إيمانا 20
ويقينا فلمّا عرفت قريش أنّ القوم منعوا رسول الله صلّى الله
عليه وسلّم اجتمع المشركون من قريش وأجمع رأيهم ألّا يجالسوهم
ولا يبايعوهم ولا يدخلوا بيوتهم حتّى يسلموا رسول الله صلّى الله

عليه وسلّم للقتل وكتبوا فى مكرهم صحيفة وعهودا ومواثيق أن لا يقبلوا من بنى هاشم أبدا صُلْحا ولا تأخذهم بهم رأفة حتّى يسلموه للقتل فلبث بنو هاشم فى شعبهم ثلث سنين واشتدّ عليهم البلاء والجهد وقطعوا عنهم الأسواق فلا تركوا طعاما يقدم مكّة ولا بيعا الّا بادروهم اليه فاشتروه يريدون بذلك أن يدركوا سفك دم رسول الله صلّى الله عليه وسلّم وذكر ابن اسحٰق القصّة فى دخولهم الشعب وما بلغوا من الجهد الشديد حتّى كان يُسمع أصوات صبيانهم ينصاغَوْنَ a من وراء الشعب من الجوع حتّى كره عامّة قريش ما أصابهم وأظهروا كراهتهم لصحيفتهم الظالمة قال موسى ابن عقبة فلمّا كان رأس ثلث سنين تلاوم رجال من بنى عبد مناف ومن بنى قصىّ ورجال سواهم من قريش قد ولدتهم نساء من بنى هاشم ورأوا أنّهم قد قطعوا الرحم واستخفّوا بالحقّ وأجمع أمرهم من ليلتهم على نقض ما تعاهدوا عليه من الغدر والبراءة منه وبعث الله عزّ وجلّ على صحيفتهم التى المكر فيها برسول الله صلّى الله عليه وسلّم الأرضة فلحست كلّما كان فيها من عهد وميثاق فلم تترك اسما لله عزّ وجلّ فيها الّا لحسته وبقى ما كان فيها من شرك أو ظلم أو قطيعة رحم وأطلع الله عزّ وجلّ رسوله صلّى الله عليه وسلّم على الذى صنع بصحيفتهم فذكر ذلك رسول الله صلّى الله عليه وسلّم لأبى طالب فقال أبو طالب لا والثواقب ما كذبنى وانطلق يمشى بعصابة من بنى عبد المطّلب حتّى أتى المسجد وهو حافل من قريش فلمّا رأوهم عامدين

---

a) So die Codd. Lies: بنصاعون? Hier fängt die grosse Lücke in Argent. an.

لجماعتهم أنكروا ذلك وظنّوا أنّهم خرجوا من شدّة البلاء فأتوهم ليعطوهم رسول الله صلّى الله عليه وسلّم فتكلّم أبو طالب فقال قد حدثت أمور بينكم لم نذكرها لكم فأتوا بصحيفتكم التى تعاهدتم عليها فلعلّه أن يكون بيننا وبينكم صلح وإنّما قال ذلك خشية أن ينظروا فى الصحيفة قبل أن يأتوا بها فأتوا بصحيفتهم معجبين بها لا يشكّون أنّ الرسول مدفوع[a] اليهم فوضعوها بينهم وقالوا قد آن لكم أن تقبلوا وترجعوا الى أمر يجمع قومكم فإنّما قطع بيننا وبينكم رجل واحد جعلتموه خطرا لهلكة قومكم وعشيرتكم وفسادهم فقال أبو طالب إنّما أتيتكم لأعطيكم أمرا لكم فيه نصف إنّ ابن أخى قد أخبرنى ولم يكذبنى أنّ الله عزّ وجلّ برئ من هذه الصحيفة التى فى أيديكم ومحى كلّ اسم له فيها وترك فيها غدركم وقطيعتكم إيّانا وتظاهركم علينا بالظلم فإن كان الحديث الذى قال ابن أخى كما قال فأفيقوا فوالله لا نسلمنّه أبدا حتّى نموت من عند آخرنا وإن كان قال باطلا دفعناه اليكم فقتلتم أو استحييتم قالوا قد رضينا بالذى تقول ففتحوا الصحيفة فوجدوا الصادق المصدوق صلّى الله عليه وسلّم قد أخبر خبرها فلمّا رأتها قريش كالذى قال أبو طالب قالوا والله إن كان هذا قطّ إلّا سحرا[b] عن صاحبكم فارتكسوا وعادوا لشرّ ما كانوا عليه من كفرهم والشدّة على رسول الله صلّى الله عليه وسلّم والمسلمين والقيام بما تعاهدوا عليه فقال أولئك النفر من بنى عبد المطّلب إنّ أولى بالكذب والسحر غيرنا فكيف ترون وإنّا نعلم أنّ الذى اجتمعتم

a) Codd. مدفوعا. *b*) Codd. سحر.

عليه من قطيعتنا أقرب الى الجبت والسحر من أمرنا ولولا أنكم اجتمعتم على السحر لم تفسد صحيفتكم وهي فى أيديكم طمس الله ما فيها من اسم له وما كان من بغى تركه أفنحن السحرة أم أنتم فقال النفر من بنى عبد مناف وبنى قصىّ ورجال من قريش ولدتهم نساء من بنى هاشم منهم أبو البَخْتَرِىّ والمُطْعِم ابن عَدِىّ وزُهَير بن أبى أميّة بن المغيرة وزَمَعة a بن الأَسْوَد وهشام بن عمرو وكانت الصحيفة عنده فى رجال من أشرافهم ووجوههم نحن براء مما فى هذه الصحيفة فقال أبو جهل هذا أمر قضى بليل قال. موسى بن عقبة فلمّا أفسد الله صحيفة مكرهم خرج رسول الله صلّى الله عليه وسلّم ورهطه فعاشروا b وخالطوا الناس فانظر رحمك الله كيف لم يجعل رسول الله صلّى الله عليه وسلّم القرابة فى النسب وحدها قرابة معتبرة فى أحكام الله عزّ وجلّ ما لم تقترن بها القرابة الدينيّة فانّه كما قد رأيت أخرج بنى أميّة من ذى القربى مع كونهم بنى أبيه عبد مناف بن قصىّ لما كان من عداوتهم له فى دين الله تعالى وتكذيبهم لما جاء به من النبوّة والرسالة وكيف جعل بنى المطّلب بن عبد مناف من ذى القربى لأجل مسالمتهم له فى الجاهليّة وتسرّعهم الى مناصرته وموازرته وموالاته ومعاضدته وانّهم لم يربأوا بأنفسهم عن نفسه بل أمدّوه بأنفسهم حيث تخلّى عنه الناس ودخلوا معه الشعب مؤمنهم وكافرهم فالمؤمن دينا والكافر حميّة وتأمّل ذلك يظهر لك منه فائدتان احداهما أنّ العبرة بقرابة الدين لا بقرابة الطين

---

a) Codd. بن زمعة [sic]. Vgl. Ibn Hišām S. 247.
b) Lugd. u. Argent. فعاشوا.

والثانية أنّ مجرّد القرابة ليس بشيء وقد قيل أقرب الوسائل المودّة وأبعد النسب البغضاء قال

وَأَرَى الْقَرَابَةَ لَا تُقَرِّبُ قَاطِعًا   وَأَرَى الْمَوَدَّةَ أَكْبَرَ الْأَسْبَابِ

وقال الأعشى

لَا تَطْلُبَنَّ الْوُدَّ مِنْ مُتَبَاعِدٍ   وَلَا تَنْأَ مِنْ ذِى بِغْضَةٍ إِنْ تَقَرَّبَا
فَإِنَّ الْقَرِيبَ مَنْ يُقَرِّبُ نَفْسَهُ   لَعَمْرُ أَبِيكَ الْخَيْرِ لَا مَنْ تَنَسَّبَا *a*

فإذًا أقرب الوسائل المودّة وأبعد النسب العقوق وقد قال تعالى انّما الْمُؤمنين اخوة *b* فقاربت *c* ولاية الاسلام بين الغُرباء وقال تعالى انّه ليس من أهلك انّه عمل غير صالح *d* فباعد به بين القرابة ثمّ انّى أقول يا عجبا كيف يستحقّ خلافة رسول الله صلّى الله عليه وسلّم على أمّته شرعا من لم يجعل له حقّا فى سهم ذى القربى أم كيف يقيم دين الله من قاتل رسول الله صلّى الله عليه وسلّم ونابذه وكايده وبذل جهده فى قتله وَلَيْتَ اذ ولى بنو أميّة الخلافة عدلوا وأنصفوا بل جاروا فى الحكم وعسفوا واستأثروا بالفيء كلّه وحرموه بنى هاشم جملة وزادوا فى العتوّ والتعدّى حتّى قالوا انّما ذو القربى قرابة الخليفة منهم وحتّى قرّروا عند أهل الشأم أنّه لا قرابة لرسول الله صلّى الله عليه وسلّم يرثونه الّا بنى أميّة فلمّا قام بالأمر أبو العبّاس عبد الله بن محمّد بن علىّ بن

---

a) Es fehlen 2 Sylben. Die Codd. haben لعمرو أبيك [sic]. Die Verse finden sich Ḥamāsa 272, 17. H̲izāmat al-Adab IV, 203. Ich habe nach diesen Stellen الْخَيْرِ eingefügt.

b) Sure XLIX, 10.   *c*) Vindob. فقارنت.   *d*) Sure XI, 48.

عبد الله بن عبّاس المنعوت بالسفّاح وقتل مرون بن محمّد بن مرون بن الحكم آخر خلائف بنى أميّة وأزال دولتهم دخل عليه مشيخة من أهل الشأم فقالوا والله ما علمنا أنّ لرسول الله صلّى الله عليه وسلّم قرابة يرثونه إلّا بنى أميّة حتّى وليتم فقال إبرهيم ابن مهاجر

أَيُّهَا[a] النَّاسُ اسْمَعُوا أُخْبِرْكُمْ   عَجَبًا زَادَ عَلَى كُلِّ عَجَبْ
عَجَبًا مِنْ عَبْدِ شَمْسٍ أَنَّهُمْ   فَتَحُوا لِلنَّاسِ أَبْوَابَ الْكَذِبْ
وَرَّثُوا أَحْمَدَ فِيمَا زَعَمُوا   دُونَ عَبَّاسِ بْنِ[b] عَبْدِ الْمُطَّلِبْ
كَذَبُوا وَاللّٰهِ مَا نَعْلَمُهُ   يُحْرِزُ الْمِيرَاثَ إِلَّا مَنْ قَرُبْ

وحتّى صعد الحجّاج بن يوسف يوما أعواد منبره وقال على رؤس الأشهاد أرسولك لك أفضل أم خليفتك يعرّض بأنّ عبد الملك ابن مرون بن الحكم أفضل من رسول الله صلّى الله عليه وسلّم فلمّا سمعه حبلة بن .... [c] قال لله علىّ ألّا أصلّى خلفه أبدا وإن رأيت من يجاهده لأجاهدنّه معه فخرج مع عبد الرحمن بن الأشعث وقتل معه ولقد اقتدى بعد والله للحجّاج فى كفره ابن شقى[d] الحميرىّ فانّه قام بمجلس هشام بن عبد الملك وقال أمير المؤمنين خليفة الله وهو أكرم على الله من رسوله فأنت خليفة محمّد رسول الله وحتّى إنّ يوسف بن عمر عامل هشام قال فى

---

a) Lugd. und Vindob. beide يأيّها, was nicht zum Metrum passt. *b*) Vindob. وعبد المطّلب. *c*) Lugd. .... جبله بن. Vindob. .... حياد بن. Ich vermuthe: جبلة بن زَحْر. Vergl. Ibn al-'Aṯīr IV, 383, Ṭabarijj II, 1086. *d*) Ibn al-'Aṯīr V, 209: ابن شقى.

خطبته يوم الجمعة إنّ أوّل من فتح على الناس باب الفتنة وسفك الدماء علىّ وصاحبه الزُنْبُجىّ يعنى عمّار بن ياسر رضى الله عنه فهٰذا كما ترى والى الله المشتكى وقد خرّج الحاكم من حديث سفين عن أبى إسحٰق عن عمرو ذى مُرّ عن علىّ بن أبى طالب رضى الله عنه فى قوله عزّ وجلّ وَأَحَلُّوا قَوْمَهُمْ دَارَ ٱلْبَوَارِ a) قال هما الأفجران من قريش بنو أميّة وبنو المغيرة فأمّا بنو المغيرة فقد قطع الله دابرهم يوم بدر وأمّا بنو أميّة فمُتّعوا الى حين قال الحاكم هٰذا حديث صحيح وسئل علىّ رضى الله عنه عن بنى أميّة وبنى هاشم فقال هم أكثر وأنكر وأمكر ونحن أفصح وأصبح وأسمح <وقال أبو بكر بن أبى شَيْبة ثنا حَشْرَج بن نَباتة قال حدّثنى سَعْد بن جُمْهان قلت لسَفينة إنّ بنى أميّة يزعمون أنّ الخلافة فيهم فقال كذب بنو الزرقاء بل هم ملوك من أشدّ الملوك وأوّل الملوك معوية<

وما زلت طول الأعوام الكثيرة أُعمل فكرى فى هٰذا وأشباهه التى يطول ذكرها وأذاكر به من أدركت من مشيخة العلم ومن لقيت من حملة الآثار ونقلة الأخبار فلا أجد فى طول عمرى سوى رجلين امّا رجل عراه ما عرانى وساءه ما قد دهانى فهو يَحْذُو فى المقال حَذْوِى ويشكوا من الألم شَكْوِى وامّا رجل يرتع فى ميدان تقليده ويجول فى عَرَصَات تَهَوُّره وتَفْنيده فلا يزيدنى على التهويل والهَذْر الطويل الى أن اتّضح لى والحمد لله وحده سبب أخذ بنى أميّة الخلافة ومنعها بنى هاشم وذٰلك أنّ أعجاز الأمور لا تزال

---

a) Sure XIV, 33.

أبدا تالية لصدورها والأسافل من كلّ شىء تابعة لأعاليها وكلّ أمرٍ كان خافيا اذا انكشف سببه زال التعجّب منه وما بَعُدَ على من بَعُدَ سببُ أخذ بنى أميّة الخلافة وتقدّمهم فيها على بنى هاشم الّا من أجل الاعراض عن الاعتناء بتعرّف أوائل ذلك وقلّة البحث عن غوامضه وأنّ الشىء لم يوضع فى مواضعه وانّما سلك فيه الكافّة الّا قليلا مذهب التعصّب والواجب على العاقل بعد معرفة ما خفى من السبب الانعان والتسليم وترك الاعتراض فما ذا بعد الحقّ الّا الضلال وذلك أنّه لا خلاف بين أئمّة الحديث ونقّاد الأخبار وعلماء السِيَر والآثار أنّ رسول الله صلّى الله عليه وسلّم توفّى وعامله على مكّة أبو عبد الرحمن عتّاب بن أُسيد [a] ابن أبى العيص بن أميّة بن عبد شمس القرشىّ الأموىّ أحد من أسلم يوم فتح مكّة وأنّه لم يزل على مكّة منذ فتحها الله على رسوله صلّى الله عليه وسلّم عام ثمان من الهجرة الى أن توفّاه الله عزّ وجلّ فأقرّ أبو بكر الصدّيق رضى الله عنه عتّابا حتّى ماتا فى يوم واحد وكان صلّى الله عليه وسلّم قسم اليَمَن بين خمسة رجال خالد بن سعيد على صَنْعاء والمُهاجِر بن أبى أميّة على كِنْدة وزِياد بن لَبِيد على حَضْرَمَوْت ومُعاذ بن جَبَل على الجَنَد وأبا مُوسَى الأَشْعَرىّ على زَبِيدَ ورِمَعَ وعَدَن فكان عامل رسول الله صلّى الله عليه وسلّم على صنعاء اليمن كما تقدّم خالد بن سعيد بن العاصى بن أميّة بن عبد شمس بعثه

---

a) Lugd.: أسيد. Vindob.: أَسَيْد. Ibn Ḳutaiba S. 35: أُسَيْد. Muštabih S. 12 und Nawāwijj S. 405: أَسِيد.

صلّى الله عليه وسلّم اليها سنة عشر من الهجرة وقد مات باذام ليكون على صدقات اليمن فتوفّى رسول الله صلّى الله عليه وسلّم وخالد على اليمن وكان أَبان بن سعيد بن العاصى بن أميّة على البَحْرَيْن برّها وبحرها منذ عزل العَلاء بن الحَضْرَمىّ حليف بنى أميّة وقيل بل مات رسول الله صلّى الله عليه وسلّم والعلاء على البحرين وكان عمرو بن سعيد بن العاصى بن أميّة على تَيْماء وخَيْبَر وتَبُوك وفَدَك فلمّا توفّى رسول الله صلّى الله عليه وسلّم رجع خالد بن سعيد وأبان وعمرو عن عمالتهم فقال أبو بكر الصدّيق رضى الله عنه ما لكم رجعتم عن عمالتكم ما أحد أحقّ بالعمل من عُمّال رسول الله صلّى الله عليه وسلّم ارجعوا الى أعمالكم فقالوا نحن بنو أبى أُحَيْحة لا نعمل لأحد بعد رسول الله صلّى الله عليه وسلّم أبدا ثمّ مضوا الى الشأم وقاتلوا فقُتلوا فى مغازيها فيقال ما فتحت بالشأم كورة من كور الشأم الّا وجد عندها رجل من بنى سعيد بن العاصى ميّتا وكان أبو سفين بن حرب بن أميّة على نَجْران فمات رسول الله صلّى الله عليه وسلّم وهو عليها وقيل بل كان على نجران لمّا توفّى رسول الله صلّى الله عليه وسلّم عمرو بن حَزْم بن زيد بن عمرو بن عبد عَوْف بن غَنْم بن مالك بن النجّار الأنصارىّ قال الواقدىّ عن إبرهيم بن جَعْفَر عن أبيه عن عمر بن عبد العَزيز رحمه الله أنّه قال توفّى رسول الله صلّى الله عليه وسلّم وأربعة من بنى أميّة عمّاله *a* عَتّاب بن أَسِيد على مكّة

a) Vindob.: عمّال.

وأبان بن سعيد بن العاصى على البحرين وخالد بن سعيد على صنعاء وأبو سفين بن حرب على نَجْران قال الواقدىّ أصحابنا مجمعون على أنّ رسول الله صلّى الله عليه وسلّم قبض وأبو سفين حاضر وقال ابن الكلبىّ كان أبو سفين غائبا فلمّا قدم قال كيف رضيتم يا بنى عبد مناف أن يلى أمركم غيركم وقوم يقولون أنّ رسول الله صلّى الله عليه وسلّم ولّى أبا سفين صدقات خَوْلان ونَخْلة وولّى يزيد بن أبى سفين على نجران والله أعلم وكان على جُرَش سعيد بن القِشْب الأزدىّ حليف بنى أميّة فمات رسول الله صلّى الله عليه وسلّم وهو عليها وكان المُهاجر ابن أبى أميّة بن المُغيرة بن عبد الله بن مَخْزوم المخزومىّ أخو أمّ سَلِمة أمّ المؤمنين رضى الله عنها على صدقات كِنْدة والصَدَف ثمّ ولاه أبو بكر الصدّيق رضى الله عنه اليمن وكان عمرو بن العاصى بن وائل بن هاشم بن سعيد بن سَهْم السَهْمىّ حين وفاة رسول الله صلّى الله عليه وسلّم على عُمانَ بعد ما بعثه النبىّ صلّى الله عليه وسلّم على سريّة نحو الشأم الى أخوال أبيه العاصى بن وائل من بَلِى يدعوهم الى الإسلام ويستنفرهم الى الجهاد ثمّ أمدّه رسول الله صلّى الله عليه وسلّم بجيش فيه أبو بكر وعمر وأبو عُبَيْدة بن الجَرّاح رضى الله عنهم فصلّوا خلفه ثمّ عمل عمرو بن العاصى بعد رسول الله صلّى الله عليه وسلّم لعمر بن الخطّاب وعثمان بن عفّان رضى الله عنهما وكان على الطائف عثمان بن أبى العاص بن بِشْر بن عبد دُهْمان الثقفىّ ومات رسول الله صلّى الله عليه وسلّم وهو عليها فاذا كان رسول الله صلّى الله عليه وسلّم قد أسّس هذا

الأساس وأظهر بنى أميّة لجميع الناس بتوليتهم أعماله فيما فتح الله عليه من البلاد كيف لا يقوى ظنّهم ولا ينبسط رجاءهم ولا يمتدّ فى الولاية أملهم أم كيف لا يضعف أمل بنى هاشم. وينقبض رجاءهم ويقصر أملهم وكبيرهم العبّاس بن عبد المطّلب وابن أخيه علىّ بن أبى طالب رضى الله عنهما يريد أحدهما استعلام رسول الله صلّى الله عليه وسلّم فى مرض موته عن هٰذا الأمر هل هو فيهم أم فى غيرهم ويأبى الآخر ذٰلك كما خرّج البُخارىّ من حديث الزُهرىّ قال أخبرنى عبد الله بن كعب بن مالك الأنصارىّ أنّ عبد الله بن عبّاس أخبره أنّ علىّ بن أبى طالب رضى الله عنه خرج من عند رسول الله صلّى الله عليه وسلّم فى وجعه الذى توفّى فيه فقال الناس يأبا الحسن كيف أصبح رسول الله صلّى الله عليه وسلّم قال أصبح بحمد الله بارئا فأخذ بيده عبّاس بن عبد المطّلب رضى الله عنه فقال له أنت والله بعد ثلاث عبد العصا وإنّى والله لأرى رسول الله صلّى الله عليه وسلّم سيتوفّى من وجعه هٰذا إنّى لأعرف وجوه بنِى عبد المطّلب عند الموت اذهب بنا إلى رسول الله صلّى الله عليه وسلّم فلنسأله فى من هٰذا الأمر إن كان فينا علمنا ذٰلك وإن كان فى غيرنا علمناه فأوصى بنا فقال علىّ إنّا والله لئن سألناها رسول الله صلّى الله عليه وسلّم فمنعناها لا يعطيناها الناس بعده وإنّى والله لا أسئلها من رسول الله صلّى الله عليه وسلّم ورواه محمّد ابن إسحٰق عن الزهرىّ إلّا أنّه لم يذكر ما قال فى العصا وزاد فى آخره فتوفّى رسول الله صلّى الله عليه وسلّم حين اشتدّ الضحى من ذٰلك اليوم وفى رواية وخلا العبّاس بعلىّ فقال له

هل تعلم أنّ رسول الله صلّى الله عليه وسلّم أوصى الى غيرك بشىء فقال علىّ اللّهمّ لا فخرج العبّاس على بغلة له حتّى أتى عسكر أُسامة بن زيد فلقى أبا بكر وعمر وغيرهما فقال هل أوصاكم رسول الله صلّى الله عليه وسلّم بشىء قالوا لا فرجع الى علىّ فقال إنّ رسول الله صلّى الله عليه وسلّم مقبوض فامدد يدك أبايعك فيقال عمّ رسول الله صلّى الله عليه وسلّم بايع ابن عمّ رسول الله ويبايعك أهل بيتك فإنّ مثل هذا الأمر لا يؤخّر فقال يرحمك الله ومن يطلب هذا الأمر غيرنا يا عمّ وفى رواية أنّ العبّاس قال لعلىّ هلمّ يدك أبايعك فقال إنّ لى برسول الله شغلا ومن ذاك الذى ينازعنا هذا الأمر ورواية البخارىّ وعبد الرزّاق أثبت وقال ابن سعد آنا محمّد بن عمر حدّثنى محمّد ابن عبد الله بن أخى الزهرىّ قال سمعت عبد الله بن حسن يحدّث عمّى الزهرىّ يقول حدّثتنى فاطمة بنت الحسين قالت لمّا توفّى رسول الله صلّى الله عليه وسلّم قال العبّاس يا علىّ قم حتّى أبايعك ومن حضر فإنّ هذا الأمر اذا كان لم يردّ مثله والأمر فى أيدينا فقال علىّ وأحد يطمع فيه غيرنا فقال العبّاس أظنّ والله سيكون فلمّا بويع لأبى بكر ورجعوا الى المسجد سمع علىّ التكبير فقال ما هذا فقال العبّاس هذا ما دعوتك اليه فأبيت علىّ فقال علىّ أيكون هذا فقال العبّاس ما رُدّ مثل هذا قطّ فقال محمّد بن عمر قد خرج أبو بكر من عند النبىّ صلّى الله عليه وسلّم حين توفّى وتخلّف عنده علىّ وعبّاس والزبير فذلك حين قال عبّاس هذه المقالة وخرّجه عبد الرزّاق عن معْمَر عن الزهرىّ بمعناه قال عبد الرزّاق وكان معمر

يقول لنا أيّهما كان أصوب عندكم رأيا فنقول العبّاس فيأبى ثمّ قال لو أنّ عليّا سأله عنها فأعطاه ايّاها فمنعه الناس كانوا قد كفروا قال عبد الرزّاق فحدّثت به ابن عُيَيْنة فقال قال الشَعْبىّ لو أنّ عليّا سأله عنها كان خيرا له من ماله وولده وروى اسماعيل ابن خالد عن الشعبىّ قال قال العبّاس لعلىّ رضى الله عنهما حين مرض النبىّ صلّى الله عليه وسلّم انّى أكاد أعرف فى وجه رسول الله صلّى الله عليه وسلّم الموت فانطلق بنا اليه نسأله من يستخلف فان يستخلف منّا فذاك والّا أوصى بنا فقال علىّ للعبّاس كلمة فيها جفاء فلمّا قبض النبىّ صلّى الله عليه وسلّم قال العبّاس لعلىّ ابسط يدك فلنبايعك فقبض يده قال الشَعْبىّ لو أنّ عليّا أطاع العبّاس كان خيرا له من حُمْر النَعَم وقد رويت مع هذا الحديث أحاديث أخر ان كانت صحيحة فلا سبيل الى ردّها وان كانت مفتعلة فقد صارت داعية الى الأمر الذى وقع النزاع فيه وطال الخصام عليه منها ما رواه ابن الكلبىّ عن الحكم بن هشام الثَقَفىّ قال مات عُبَيد الله بن جَحْش عن أمّ حَبيبة بنت أبى سفين وكانت معه بأرض الحبشة فخطبها النبىّ صلّى الله عليه وسلّم الى النَجاشىّ فدعا بالقرشيّين فقال من أولاكم بأمر هذه المرأة فقال خالد بن سَعيد بن العاصى أنا أولاهم بها قال فزوّج نبيّكم قال فزوّجه ومهر عنه النجاشىّ أربع مائة دينار فكانت أوّل امرأة مهرت اربعمائة دينار وحملت الى النبىّ صلّى الله عليه وسلّم ومعها الحكم بن أبى العاص فجعل النبىّ صلّى الله عليه وسلّم يكثر النظر اليه فقيل يا رسول الله انّك لتكثر النظر الى هذا الشابّ فقال أليس ابن المخزوميّة قالوا بلى قال

اذا بلغ بنو هذا أربعين رجلا كان الأمر فيهم وكان مروان بن الحكم اذا جرى بينه وبين معوية بن أبى سفين كلام قال لمعوية انّى والله لأبو عشرة وأخو عشرة وعمّ عشرة وما بقى الّا عشرة حتّى يكون الأمر فىّ فيقول معوية أخذها والله من عين صافية فهذا الحديث كما تسمع وقد روى أبو بكر بن أبى شيبة من حديث عبد الله بن عُمَير قال قال معوية ما زلت أطمع فى الخلافة مذ قال رسول الله صلّى الله عليه وسلّم ان ملكت يا معوية فاحسن وقال وكيع عن الأعمش عن أبى صالح قال كان الحادى يحدو بعثمن رضى الله عنه ويقول

انّ الأميرَ بَعْدَهُ عَلِى وفى الزُّبَيْرِ خَلَفٌ رَضِى a

فقال كَعْب الأحبار بل هو صاحب البغلة الشهباء يعنى معوية فبلغ ذلك معوية فأتاه فقال يأبا اسحٰق ما تقول هذا وهاهنا علىّ والزبير وأصحاب محمّد صلّى الله عليه وسلّم قال أنت صاحبها وقد جاء من طرق عن أبى هريرة رضى الله عنه أنّ رسول الله صلّى الله عليه وسلّم قال رأيت فى النوم بنى الحكم أو بنى أبى العاصى ينزون على منبرى كما تنزوا القردة قال فما رُئِىَ النبىّ صلّى الله عليه وسلّم مُسْتَجمِعا ضاحكا حتّى توفّى وعن سَعيد بن المُسَيّب قال رأى النبىّ صلّى الله عليه وسلّم بنى أميّة على منابرهم فساءه ذلك فأوحى اليه انّما هى دنيا أعطوها فقرّت عينه

---

a) Lugd. خلف رضى. Vindob. خلف الوصى. Die Stelle ist in Lugd. stark zerfressen und der Text im einzelnen etwas unsicher.

وهى قوله تعالى وَمَا جَعَلْنَا ٱلرُّؤْيَا ٱلَّتِى أَرَيْنَاكَ إِلَّا فِتْنَةً لِلنَّاسِ a يعنى بلاء للناس وقد روى أنّ رجلا قام الى الحسن بن علىّ رضى الله عنهما فقال يا مُسَوِّد وجه المؤمنين فقال لا تُؤَنِّبْنى رحمك الله فانّ رسول الله صلّى الله عليه وسلّم قد رأى بنى أميّة يخطبون على منبره رجلا رجلا فساءه ذلك فنزلت إِنَّا أَعْطَيْنَاكَ ٱلْكَوْثَرَ b والكوثر نهر فى الجنّة ونزلت إِنَّا أَنْزَلْنَاهُ فِى لَيْلَةِ ٱلْقَدْرِ وَمَا أَدْرَاكَ مَا لَيْلَةُ ٱلْقَدْرِ لَيْلَةُ ٱلْقَدْرِ خَيْرٌ مِنْ أَلْفِ شَهْرٍ c يعنى تملّك بنى أميّة فحسب ذلك فاذا هو لا يزيد ولا ينقص وعن أبى هُرَيرة وأبى سَعيد الخُدْرىّ رضى الله عنهما أنّ رسول الله صلّى الله عليه وسلّم قال اذا بلغ بنو أبى العاصى أربعين رجلا اتّخذوا دين الله دغلا d وعباد الله خولا ومال الله دولا e قال الزُبير بن بكّار قال عمّى مُصْعَب عن عبد الله بن محمّد بن يَحْيَى بن عُرْوة بن الزُبير أو غير عبد الله وحدّثنيه محمّد بن الضحّاك الحِزامىّ عن أبيه أنّ عمرو بن عثمن بن عفّان اشتكى وكان العوّاد يدخلون عليه فيخرجون ويتخلّف مروان بن الحكم عنده فيطيل فأنكرت رَمْلة بنت معوية ذلك وهى امرأة عمرو بن عثمن فخرّقت كوّة واستمعت على مروان فاذا هو يقول لعمرو ما أخذ هؤلاء الخلافة الّا باسم أبيك فما يمنعك أن تنهض بحقّك فلنحن أكثر منهم رجالا منّا فلان ومنهم فلان ومنّا فلان ومنهم فلان حتّى عدّد رجالا ثمّ قال ومنّا فلان وهو فضل وفلان وهو فضل حتّى

---

a) Sure XVII, 62. *b*) Sure CVIII. *c*) Sure XCVII, 1. *d*) Vindob. دخلا; vgl. unten S. ٣٩, 14. *e*) Das hier anfangende autographische Stück findet sich im Codex Lugd. an viel späterer unpassender Stelle. Dem Sinne nach gehört es hierher.

يعدّد فصول رجال بنى أبى العاص على بنى حرب فلمّا برأ عمرو تجهّز للحجّ وتجهّزت رملة فى جهازه فلمّا خرج عمرو الى الحجّ خرجت رملة الى أبيها فقدمت عليه الشأم فقال لها معوية وأسواتاه وما للحرّة تُطلّق طلقك عمرو فأخبرته الخبر وقالت وما زال يعُدّ فصل رجال بنى أبى العاص على بنى حَرْب حتّى ابنَىّ عثمن وخالد ابنى عمرو فتمنّيت أنّهما ماتا فكتب معوية الى مرون بن الحكم

أَوَاضِعَ رِجْلٍ فَوْقَ أُخْرَى تَعُدُّنَا   عَدِيدَ الْحَصَا مَا إِنْ تَزَالُ تُكَاثِرُ
وَأُمُّكُمْ تُزْجِى a تُؤَامًا لِبَعْلِهَا   وَأُمُّ أَخِيكُمْ نَزْرَةُ الْوَلْدِ عَاقِرُ

وأشهد يا مروان أنّى سمعت رسول الله صلّى الله عليه وسلّم يقول إذا بلغ ولد الحكم ثلاثين رجلا اتّخذوا مال الله دولا ودين الله دَخلا وعباد الله خولا فكتب اليه مروان أمّا بعد يا معوية فانّى أبو عشرة وعمّ عشرة والسلام وروى عن معوية أنّه قال لعبد الله ابن عبّاس رضى الله عنهما أنشدك الله يابن عبّاس أما تعلم أنّ رسول الله صلّى الله عليه وسلّم ذكر هذا يعنى مرون بن الحكم فقال أبو الجبابرة الأربعة فقال ابن عبّاس اللّهمّ نعم وقد اقتدى برسول الله صلّى الله عليه وسلّم فى ولاية الأعمال أبو بكر الصدّيق رضى الله عنه فانّه لمّا استخلف بعد رسول الله صلّى الله عليه وسلّم وارتدّت العرب قطع رضى الله عنه البعوث وعقد أحد عشر لواء على أحد عشر جُنْدا فعقد لخالد بن الوليد المخزومىّ وبعثه لقتال طُلَيْحة بن خُوَيْلِد الأسدىّ ثمّ مالك بن نُوَيْرة وعقد

a) Codd. تُزْجِرُ.

لعكرمة بن أبى جهل المخزومىّ وبعثه لقتال مسيلمة بن ثمامة ابن المطوح بن ربيعة بن الحرث وعقد للمهاجر بن أبى أميّة المخزومىّ وبعثه لقتال جنود الأسود بن كعب بن عوف العنسىّ ومعونة الأبناء على قيس بن المكشوح وعقد لخالد بن سعيد بن العاصى بن أميّة وبعثه الى مشارف الشأم وعقد لعمرو بن العاص وبعثه الى قضاعة وعقد لحذيفة بن محصن العلقانىّ من علقان ابن شرحبيل بن عمرو بن مالك بن يزيد ذى الكلاع وبعثه الى أهل دبا وهى مدينة قديمة من مدن عمان وعقد لعرفجة ابن هرثمة وبعثه الى مهرة وبعث شرحبيل بن حسنة فى أثر عكرمة بن أبى جهل فاذا فرغ من اليمامة لحق بقضاعة وعقد لطريفة بن حاجم a) وبعثه الى بنى سليم ومن معهم من هوازن وعقد لسويد بن مقرن بن عائذ المزنىّ وبعثه الى تهامة اليمن وعقد للعلاء بن الحضرمىّ وبعثه الى البحرين فلحق كلّ أمير بجنده حتّى انقضت حروب الردّة فبعث أبو بكر رضى الله عنه خالد بن الوليد لفتح العراق وأردفه بغيلان بن غنم بن زهير ابن أبى شدّاد بن ربيعة بن هلال بن وهيب الفهرىّ وأمدّهما بالقعقاع بن عمرو وجهّز الجنود الى الشأم فبعث خالد بن سعيد ابن العاصى وأردفه بذى الكلاع وعكرمة بن أبى جهل وعمرو بن العاصى والوليد بن عقبة وعقد ليزيد b) بن أبى سفين بن

---

a) So die Codd. Ibn al-'Aṯīr II, 266 حاجز. *b*) In Lugd. am Rande von Al-Maḳrīzijj: رضى الله عنه كان خيرا من أخيه معوية.

حرب على جيش عظيم هو جمهور من انتدب اليه وجهّزه عوضا عن خالد بن الوليد وعقد لأبى عُبَيدة بن الجرّاح وبعثه الى حِمْص وأمدّه يزيد بن أبى سفين بأخيه معوية بن أبى سفين ومعه جيش فنزل أبو عبيدة الجابية ونزل يزيد البَلْقاء ونزل شرحبيل بن حسنة الأُرْدُنّ وقيل بُصْرى ونزل عمرو بن العاص القُرَيّات a ولمّا مات أبو بكر واستخلف من بعده عمر بن الخطّاب رضى الله عنهما كانت عمّاله على مكّة نافع بن عبد الحارث الخُزاعىّ وعلى الطائف عثمن بن أبى العاص بن أميّة ثمّ سفين ابن عبد الله الثَقَفىّ وعلى اليمن يَعْلَى بن مُنَبّه b وعلى عُمان واليَمامة حُذَيْفة بن مِحْصَن وعلى البحرين العَلاء بن الحضرمىّ ثمّ عثمن بن أبى العاص وعلى الكوفة سَعْد بن أبى وَقّاص ثمّ المُغيرة بن شُعْبة ثمّ عَمّار بن ياسِر ثمّ أبو موسى الأَشْعَرىّ وعلى البصرة المغيرة بن شعبة ثمّ أبو موسى الأشعرىّ وعلى الشأم أبو عبيدة بن الجرّاح ثمّ يزيد بن أبى سفين ثمّ معوية بن أبى سفين وعلى الجَزيرة عِياض بن غَنْم وعلى مصر عمرو بن العاص رضى الله عنهم أجمعين فانظر كيف لم يكن فى عمّال رسول الله صلّى الله عليه وسلّم ولا فى عمّال أبى بكر وعمر رضى الله عنهما أحد من بنى هاشم c فهذا وشبهه هو الذى حدّد أنياب بنى أميّة وفتح أبوابهم وأترع كأسهم وفتل أمراسهم حتّى لقد وقف أبو

a) Die Codd. ohne Vocale. Vgl. Bakrijj S. 607 voce العُرَيّات u. 696 voce الغمر. b) So Vindob.; Lugd. مُنْيه. c) In Lugd. am Rande von der Hand des Verfassers: انّما لم يجعلوا بنى هاشم عمّالا لشرفهم اذ الشريف لا يشارف وانّما يبقى ليشاور فى الأمور المعضلة.

سفيٰن بن حرب على قبر حَمْزة رضى الله عنه فقال رحمك الله أبا عُمارة لقد قاتلتنا على أمر صار الينا وروى أنّ الأمر لمّا أفضى الى عثمان بن عَفّان أتى أبو سفيٰن قبر حمزة فركله برجله ثمّ قال يا حمزة إنّ الأمر الذى كنت تقاتلنا عليه بالأمس قد ملكناه اليوم وكنّا أحقّ به من تَيْم وعَدىّ قال كاتبه وما هى الّا الدنيا وإنّ الدين نعارض فيها والعاجلة محبوبة وبهٰذا ارتفعت رؤس وضَعُفت نُفوس فإنّ دلائل الأمور تَسْبِق وتباشير الخير تعرف ولله فى خلقه قضاء يمضيه *a* ويأبى الله أن يتمّ *b* شىء من أمر الدنيا الّا ويعتريه النقص

لمّا كانت بنو هاشم من بين قريش اختصّها الله سبحانه بهٰذا الأمر أعنى الدعوة الى الله تعالى والنبوّة والكتاب فحازت بذٰلك الشرف الباقى وكانت أحوال الدنيا من الخلافة والملك ونحوه زائلة لهٰذا زواها الله تعالى عنهم تنبيها على شرفهم وعلوّ مقدارهم فإنّ ذٰلك هو خيرة الله لنبيّه محمّد صلّى الله عليه وسلّم كما ثبت أنّه صلّى الله عليه وسلّم لمّا خُيّر اختار أن يكون نبيّا عبدا ولم يختر أن يكون نبيّا مَلِكا وسأل مثل ذٰلك لآله كما ثبت فى الصحيحَيْن وغيرهما من حديث عُمارة عن أبى زُرْعة عن أبى هُرَيْرة رضى الله عنه قال قال رسول الله صلّى الله عليه وسلّم اللٰهمّ اجعل رزق آل محمّد قُوتا وروى أبو عِيسى الترْمذىّ من حديث عُبَيد الله بن زَحْر عن علىّ بن يزيد عن القٰسم أبى عبد الرحمٰن عن أبى أُمامة عن النبىّ صلّى الله عليه وسلّم قال عرض

---

a) Vindob. يُقصيه. *b*) Hier hört die grosse Lücke in Argent. auf.

علىّ ربّى ليجعل لى بطحاء مكّة ذهبا قلت لا يا ربّ ولكن أشبع يوما وأجوع يوما أو قال ثلثا أو نحو هذا فاذا جعت تضرّعت اليك وذكرتك واذا شبعت شكرتك وحمدتك وقال الترمذىّ هذا حديث حسن وخرّج البُخارىّ من حديث ابن أبى لَيْلَى حدّثنا علىّ رضى الله عنه أنّ فاطمة عليها السلام اشتكت ما تلقى من الرحى ممّا تطحن فبلغها أنّ رسول الله صلّى الله عليه وسلّم أتى بسبى فأتته تسأله خادمًا فلم توافقه فذكرت لعائشة رضى الله عنها فجاء النبىّ صلّى الله عليه وسلّم فذكرت ذلك عائشة له فأتانا وقد دخلنا مضاجعنا فذهبنا لنقوم فقال على مكانكما[a] حتّى وجدتّ برد قدميه على صدرى فقال ألا أدلّكما على خير ممّا سألتما اذا أخذتّما مضاجعكما فكبّرا أربعا وثلثين واحمدا ثلثا وثلثين وسبّحا ثلاثا وثلثين فانّ ذلك خير لكما ممّا سألتما وأخرجه مُسْلِم أيضا ولأبى داود من حديث أبى الوَرْد عن علىّ بن أَعْبَد قال قال لى علىّ رضى الله عنه ألا أحدّثك عنّى وعن فاطمة بنت رسول الله صلّى الله عليه وسلّم وكانت من أحبّ أهله اليه قلت بلى قال فانّها جرّت بالرحى حتّى أثّر فى يدها واستقت بالقربة حتّى أثّر فى نحرها وكنست البيت حتّى اغبرّت ثيابها فأتى النبىّ صلّى الله عليه وسلّم خدم فقلت لو أتيت أباك فسألتيه خادمًا فأتته فوجدت عنده حُدّاثا فرجعت فأتاها من الغد فقال ما كان حاجتك فسكتت فقلت أنا أحدّثك يا رسول الله جرّت الرحى حتّى أثّرت

---

a) Argent. fügt zur Erläuterung hinzu: فقعد بيننا. Vgl. Ṣaḥīḥ Buḫārijj ed. Krehl II, 277.

فى يدها وحملت القربة حتّى أثّرت فى نحرها فلمّا أن جاء الخدم أمرتها أن تأتيك فتستخدمك خادما تقيها حرّ ما هى فيه فقال اتّقى الله يا فاطمة وأدّى فريضة ربّك واعملى عمل أهلك فاذا أخذت مضجعك فسبّحى ثلثا وثلثين واحمدى ثلثا وثلثين وكبّرى أربعا وثلثين فهى خير لك من خادم قالت رضيت عن الله وعن رسوله وفى الصحيحين وغيرهما من حديث عامر بن سَعْد عن أبيه عن النبىّ صلّى الله عليه وسلّم أنّه قال انّى لأعطى الرجل وغيره أحبّ الىّ منه خشية أن يُكَبّ فى النار على وجهه وفى رواية فوالله انّى لأعطى الرجل وأدع الرجل والذى أدع أحبّ الىّ من الذى أعطى ولكنّى أعطى أقواما لما أرى فى قلوبهم من الجزع والهلع فأكلُ أقواما الى ما جعل الله فى قلوبهم من الغنا والخير ومن حديث أَنَس بن مالك رضى الله عنه عن النبىّ صلّى الله عليه وسلّم فانّى أعطى رجالا حديثى عهد بكفر أتألّفهم وروى ابن وَهْب عن عمرو بن الحرث أنّ بكر بن سَوادة *a* حدّثه أنّ أبا سالم الجَيْشانىّ حدّثه عن أبى ذرّ رضى الله عنه أنّ رسول الله صلّى الله عليه وسلّم قال له كيف ترى جُعَيْلا *b* قال قلت كشكله من الناس قال فكيف ترى فلانا قال قلت سيّدا من سادات الناس قال فجعيل خير ملأ *c* الأرض *d* أو ألفا ونحو ذلك من فلان قال قلت يرسول الله ففلان

---

a) Vindob. und Argent. بكر بن جنادة; vgl. Jāḳūt I. 329, IV. 929. *b*) In Lugd. am Rande von der Hand des Verfassers: جُعَيل بن سُراقة الغفارىّ وقيل الضَمْرىّ. *c*) Vindob. u. Argent.: من ملى Lugd.: من ملو. *d*) Vindob. setzt hinzu ذهبا.

هكذا وأنت تصنع به ما تصنع قال إنّه رأس قومه وأنا أتألّفهم به قال جامعه وهٰذا علىّ بن أبى طالب رضى الله عنه كان يعلم أنّ رسول الله صلّى الله عليه وسلّم يَرْبَأ ببنى هاشم من ولاية الأعمال كما ثبت فى صحيح مسلم وغيره من حديث مالك عن ابن شهاب أنّ عبد الله بن عبد الله بن نَوْفَل بن الحٰرث ابن عبد المطّلب حدّثه أنّ عبد المطّلب بن ربيعة بن الحٰرث حدّثه قال اجتمع ربيعة بن الحٰرث والعبّاس بن عبد المطّلب فقالا والله لو بعثنا هاذين الغلامين قال لى وللفضل ابن العبّاس الى رسول الله صلّى الله عليه وسلّم فكلّماه فأمّرهما على هٰذه الصدقات فأدّيا ما يؤدّى الناس وأصابا ممّا يصيب الناس قال فبينا هما فى ذٰلك جاء علىّ بن أبى طالب رضى الله عنه فوقف عليهما فذكرا له ذٰلك فقال لا تفعلا فوالله ما هو بفاعل فانتحاه ربيعة *a* بن الحٰرث فقال والله ما تصنع هٰذا الّا نَفَاسَةً *b* منك علينا فوالله لقد نلت صهر رسول الله صلّى الله عليه وسلّم فما نَفِسْناه عليك قال علىّ ارسلوهما فانطلقنا واضطجع فلمّا صلّى رسول الله صلّى الله عليه وسلّم الظهر سبقناه الى الحجرة فقمنا عندها حتّى جاء فأخذ بآذاننا ثمّ قال أخرجا ما تُسَرِّران ثمّ دخل ودخلنا عليه وهو يومئذ عند زَيْنَب بنت جَحْش قال فتواكلنا الكلام ثمّ تكلّم أحدنا فقال يرسول الله أنت أبرّ الناس

---

a) In Lugd. Al-Maḳrīzijj am Rande: انتحاه بالحاء المهملة يعنى عرض له وقصده. *b*) In Lugd. am Rande vom Verfasser: نفاسة يعنى حسدا فما نَفِسْناه ما حسدناك.

وأوصل الناس وقد بلغنا النكاح *a* فجئنا لتؤمّرنا على بعض هٰذه الصدقات فنؤدّى اليك كما يؤدّى النـاس ونصيب كما يصيبون فسكت طويلا حتّى أردنا أن نكلّمه وجعلت زينب تُلْمِع *b* الينا من وراء الحجاب أن لا تكلّماه قال ثمّ قال انّ الصدقة لا تنبغى لآل محمّد انّما هى أوساخ النـاس ادعوا الىّ مَحْمِيَة وكان على الخُمُس ونوفلَ بن الحٰرث بن عبد المطّلب فجاءا فقال لمحمية أنكح هٰذا الغلام ابنتك للفضل بن العبّاس فأنكحه وقال لنوفل ابن الحٰرث أنكح هٰذا الغلام ابنتك لى فأنكحنى وقال لمحمية أصدِقْ عنهما من الخُمُس كذا وكذا فهٰذا أعزّك الله وإن كان انّما فيه منع بنى هاشم من تناول الصدقة لأنّها محرّمة عليهم فانّ رسول الله صلّى الله عليه وسلّم انّما كانت أعماله التى يستعمل عليها عمّاله على قسمين امّا للحرب أو على الصدقات فمنع رسول الله صلّى الله عليه وسلّم بنى هاشم من العمل على الصدقة بنصيب العامل وهو الصحيح أنّهم لا يُستعملون عليها تنزيها لهم ولبنى المطّلب عن أوساخ الناس لكرامتهم وقد كان غير واحد من فضلاء الصحابة رضى الله عنهم يعلمون أنّ آل البيت أرفع قدرا عند الله من أن يبتليهم بأعمال الدنيا منهم عبد الله بن عمر بن الخطّاب رضى الله عنهما لمّا خرج لحسين بن علىّ رضى الله عنهما يريد العراق وقد كتب اليه شيعتهم بالبيعة وحثّوه على مسيره اليهم ليقوم بأمر الأمّة بدل يزيد بن معٰوية لحقه

---

a) In Lugd. die Glosse vom Verfasser: أى الحلم. *b*) In Lugd. von Al-Maḳrîzijj die Glosse: تُلْمِع يعنى تُشير بثوبها أو بيدها.

عبدُ الله على مسيرة ليلتين وقال أين تريد قال العراق قال لا تأتهم قال هٰذه كتبهم وبيعتهم فقال إنّ الله عزّ وجلّ خيّر نبيّه صلّى الله عليه وسلّم بين الآخرة والدنيا فاختار الآخرة ولم يرد الدنيا وإنّك بَضْعة من رسول الله صلّى الله عليه وسلّم والله لا يليها أحدٌ منكم وما صرفها الله عنكم إلّا للذى هو خير لكم فارجع فأبى الحسين وقال هٰذه كتبهم وبيعتهم فاعتنقه عبد الله ابن عمر وقال أستودعك الله من قتيل فكان كما قال ابن عمر وكذٰلك قال عبد الله بن عبّاس رضى الله عنهما للحسين والله يٰابن أخى ما كان الله ليجمع لكم بين النبوّة والخلافة وهٰذا من فقههما وقد أشار الحسن بن علىّ رضى الله عنهما إلى ذٰلك فى خطبته لمّا ترك الخلافة التى صارت إليه بعد أبيه وتنزّه عنها وترفّع عن منازعة معٰوية رضى الله عنه فلمّا دخل معٰوية الكوفة أشار عليه عمرو بن العاصى أن يأمر الحسن فيخطب الناس ظنًّا منه أنّه يعيا فخطب معٰوية ثمّ أشار الى الحسن أن يخطب فقام فحمد الله ثمّ قال أيّها الناس إنّ الله هداكم بأوّلنا وحقن دماءكم بآخرنا وإنّ لهٰذا الأمر مدّة والدنيا دول وإنّ الله عزّ وجلّ قال لنبيّه صلّى الله عليه وسلّم وَإِنْ أَدْرِى لَعَلَّهُ فِتْنَةٌ لَكُمْ وَمَتَاعٌ إِلَى حِينٍ[a] فلمّا قالها قال له معٰوية اجلس وحقدها على عمرو وقال هٰذا من رأيك فصدق الحسن عليه السلام فيما قاله ذهب بعضهم الى أنّ السرّ فى خروج الخلافة بعد رسول الله صلّى الله عليه وسلّم عن علىّ بن أبى طالب الى أبى بكر وعمر ثمّ عثمٰن

---

a) Sure XXI, 111.

أنّ عليّا لو ولى الخلافة حينئذ وهو أبو الحسنَيْن لأوشك أن يقول قائل ويتخيّل متخيّل أنّه مُلك متوارث لا يكون الّا فى آل البيت كما تزعمه الرافضة فصان الله العقائد من هٰذه الشبهة كما صانها من شبهة قول القائل عن النبىّ صلّى الله عليه وسلّم هو رجل يطلب ملك أبيه وهو معنى حسن ولهٰذا السرّ جعل صلّى الله عليه وسلّم الخلافة لعامّة قريش ولم يخصّ بها أهل بيته بل ولا بنى هاشم حتّى لا يتخيّل أنّه ملك متوارث والله أعلم

وقد ظهر لى أنّ ولاية رسول الله صلّى الله عليه وسلّم بنى أميّة الأعمال كانت اشارة منه صلّى الله عليه وسلّم الى أنّ الأمر سيصير اليهم ولى بحمد الله فى هٰذا النحو خير سلف وأجلّ قدوة منهم سَعيد بن المُسَيّب رحمه الله قد ثبت فى الصحيحين من حديث أبى موسى الأشعَرىّ رضى الله عنه فى حديث جلوس رسول الله صلّى الله عليه وسلّم على بئر أَرِيس ودخول أبى بكر وعمر رضى الله عنهما وجلوسهما عن يمينه وشماله معه صلّى الله عليه وسلّم فى القُفّ ودخول عثمٰن بن عفّان رضى الله عنه وجلوسه وجاههم من الشقّ الآخر وانّ سعيد بن المسيّب قال فتأوّلت ذلك قبورهم اجتمعت ههنا وانفرد قبر عثمٰن رضى الله عنه وثبت من حديث جابر بن عبد الله رضى الله عنه أنّ رسول الله صلّى الله عليه وسلّم نحر فى حجّته التى يقال لها حجّة الوداع ثلثا وستّين بدنة فكان فى نحره هٰذا العدد من البدن اشارة الى أنّ مدّة حياته صلّى الله عليه وسلم ثلث وستّون سنة وثبت من حديث أبى سعيد الخُدْرىّ رضى الله عنه أنّ رسول الله صلّى الله عليه وسلّم

قال إنّ أمنّ a الناس علىّ فى صحبته وماله أبا بكر ولو كنت متّخذا خليلا لاتّخذت أبا بكر خليلا الّا خلّة الاسلام لا تبقينّ فى المسجد خوخة الّا خوخة أبى بكر فكان أمْر رسول الله صلّى الله عليه وسلّم بابقاء خوخة أبى بكر رضى الله عنه فى المسجد مع منع الناس كلّهم من ذلك اشارة ودليلا b على خلافته بعد رسول الله صلّى الله عليه وسلّم وإنّ ذلك من رسول الله صلّى الله عليه وسلّم تنبيها للناس بأنّ أبا بكر رضى الله عنه يصير امام المسلمين ويخرج من بيته الى المسجد كما كان رسول الله صلّى الله عليه وسلّم يخرج ذكره ابن بَطّال وقد جعل جمهور الصحابة رضى الله عنهم استخلاف رسول الله صلّى الله عليه وسلّم أبا بكر رضى الله عنه فى الصلاة وهو مريض دليلا واشارة الى أنّه الخليفة من بعد رسول الله صلّى الله عليه وسلّم وقالوا قد رضيه رسول الله صلّى الله عليه وسلّم لديننا أفلا نرضاه لدنيانا وثبت فى الصحيح من حديث سعيد بن جبير عن ابن عبّاس رضى الله عنه قال كان عمر رضى الله عنه يدخلنى مع أشياخ بدر فقال بعضهم لِمَ تُدخِل c هذا الفتى معنا ولنا أبناء مثله فقال انّه ممّن قد علمتم قال فدعاهم ذات يوم ودعانى معهم وما أُرِيتُه c دعانى [الّا d] يومئذ الّا لِيُرِيَهُم منّى فقال ما تقولون فى اذا جاء

---

a) Argent.: من أمنّ. b) Codd. ودليل. c) Codd. يُدخِل.
d) Lugd.: رُئِيتُه [sic] Vindob. u. Argent. رأيته. e) Vindob. hat das الّا im Texte; in Argent. fehlt es; Al-Maķrīzijj hat es in Lugd. als Correctur am Rande hinzugesetzt. Es scheint überflüssig zu sein.

نَصْرُ ٱللَّهِ وَٱلْفَتْحُ وَرَأَيْتَ ٱلنَّاسَ يَدْخُلُونَ فِى دِينِ ٱللَّهِ أَفْوَاجًا حتّى ختم السورة a فقال بعضهم أمرنا أن نحمد الله ونستغفره اذا نُصرنا وفُتح علينا وقال بعضهم لا ندرى أو لم يقل بعضهم شيئا فقال لى يابن عبّاس أكذا هو قلت لا قال فما تقول قلت هو أجل رسول الله صلّى الله عليه وسلّم أعلمه الله له يقول اذا جاء نَصْرُ ٱللَّهِ وَٱلْفَتْحُ فتح مكّة فذلك علامة أجلك فَسَبِّحْ بِحَمْدِ رَبِّكَ وَٱسْتَغْفِرْهُ إِنَّهُ كَانَ تَوَّابًا قال عمر ما أعلم منها الّا ما تعلم فهذا فهم الصحابة والتابعين رضوان الله عليهم أجمعين وهم القدوة وبهم الاسوة وفّقنا الله لاتّباعهم .

ايّاك والاعتراض على ما تقدّم بأخذ بنى العبّاس بن عبد المطّلب بن هاشم للخلافة وأنّهم أقاموا خلفاء نيّفا على خمسمائة وعشرين سنة فانّ الخلافة انّما صارت اليهم بعد ما ضعف أمر الدين وتخلخلت أركانه وتداول الناس أمر الأمّة بالغلبة فأخذها حينئذ بنو العبّاس بأيدى العجم أهل خُراسان ونالوها بالقوّة ومناهضة الدول ومُشاوَرة الملوك حتّى أزالوا بعجم خراسان دولة بنى أميّة وتناولوا العزّ كيف كان فما وصل أمر الأمّة الى أهل العدالة والطهارة ولا وَلِيَهُم ذوو b الزهادة c والعبادة ولا ساسهم أربابُ الورع والامانة بل استحالت الخلافة كِسْرَوِيّة وقَيْصَرِيّة بحيث أنّ ابرٰهيم الامام بن محمّد بن علىّ بن عبد الله بن عبّاس لمّا وجّه أبا مسلم الخراسانىّ الى دُعاته بخراسان ووصّاهم أن يسمعوا له ويطيعوا قال له انّك رجل منّا أهل البيت احفظ وصيّتى انظر

---

a) Sure CX. *b*) Codd. ذو. *c*) Lugd. الزهاد.

هذا الحيّ من اليمن فأكرمهم واسكن بين أظهرهم فانّ الله لا يتمّ هذا الأمر الّا بهم واتّهم ربيعة فى أمرهم وأمّا مضر فانّهم العدوّ القريب الدار واقتل من شككت فيه وان استطعت أن لا تدع بخراسان من يتكلّم بالعربيّة فافعل وأيّما غلام بلغ خمسة أشبار تتّهمه فاقتله فأين أعزّك الله هذه الوصيّة من وصايا الخلفاء الراشدين لعمّالهم وتالله لو توجّه أبو مسلم الى أرض الحرب ليغزو اهل الشرك بالله لما جاز أن يوصّى بهذا فكيف وانّما توجّه الى دار الاسلام وقتال أبناء المهاجرين والأنصار وغيرهم من العرب لينتزع a من أيديهم ما فتحه أباؤهم من أرض الشرك ليتّخذ مال الله دولا وعبيده خولا فعمل أبو مسلم بوصيّة ابرهيم الامام حتّى غلب على ممالك خراسان وخطّت عساكره الى العراق فيقال أنّه قتل ستّمائة ألف انسان وسار فى الناس بالعسف والجبريّة فمن سيّئ سيرته أنّه لمّا قوى أمره وصار فى عسكر ودخل مَرْوَ فى شهر ربيع الأوّل سنة ثلثين ومائة واستولى عليها أراد الغدر بنَصْر بن سَيّار وقد آنسه وبسطه وضمن له أن يكفّ عنه ويقوم بشأنه عند الامام فبعث اليه مع لاهز بن قُرَيْظ وسليمن بن كَثير وعِمْرن بن اسماعيل وداود بن كَرّاز يعلمه أنّ كتابا أتاه من الامام يعده فيه ويُمَنّيه ويضمن له الكرامة ويقول له انّى أريد مشافهته واقراء كتاب الامام عليه يريد بذلك أنّه اذا أتاه قبض عليه فلمّا أتته الرسل تلا لاهز قول الله تعالى انّ الْمَلَأَ يَأْتَمِرُونَ بِكَ لِيَقْتُلُوكَ b فتنبّه نصر على ما أراد من تحذيره فقال

a) Vindob. u. Argent. لينزع   b) Sure XXVIII, 19.

أنا a صائر معكم الى الأمير أبى مسلم ودخل بستانا له كأنّه يريد أن يلبس ثيابه ويركب دابّته وهرب الى الرّىّ وسأل أبو مسلم عنه فأخبر بتلاوة لاهز الآية فقال له يا لاهز أعصبيّة فى الدين قوما فاضربا عنقه فضربت عنق لاهز وكان سليمن بن كثير الخزاعىّ أحد نقباء الدعوة فقتله أبو مسلم لأنّه كره سيرته وأخذ عنقود عنب فقال اللّهمّ سوّد وجه أبى مسلم كما سوّدت هذا العنقود واسقنى دمه وقال أيضا حفرنا نهرا بأيدينا فجاء غيرنا فأجرى فيه الماء يعنى أبا مسلم وقتل زياد بن صالح من أجل أنّه بلغه عنه أنّه يقول إنّما بايعنا على اقامة العدل واحياء السنن وهذا جائر ظالم يسير بسير الجبابرة وأنّه مخالف وكان لزياد بلاء حسن فى اقامة الدولة فلم يرع له ذلك فغضب عيسى بن ماهان مولى خزاعة لقتل زياد ودعا لحرب أبى مسلم سرّا فاحتال عليه بأن دسّ الى بعض ثقاته بقتله فكتب اليه إنّ رسول أمير المؤمنين يعنى السفّاح قد قدم على الأمير بخلع وبرّ له وللأولياء فصر الينا لتشركنا فى أمرنا فقدم عليه فأخذه وأدخله جوالق وضربه بالخشب حتّى قتل وكان أفلح بن مالك ابن أسماء بن خارجة الفزارىّ بخراسان وكان صديقا لأبى مسلم يلاعبه الشطرنج ويؤانسه وكان ذا قدر بخراسان فلمّا ظهرت الدعوة قدم على أبى مسلم وقال

قُلْ لِلْأَمِيرِ أَمِينِ الْإِمَامِ وَصِىِّ وَصِىِّ وَصِىِّ الْوَصِى b

a) Vindob. انّى.

b) Vindob. und Argent. وصى.

أَتَيْتُكَ لَا طَالِبًا حَاجَةً   وَمَا لِيَ فِي أَرْضِكُمْ مِنْ كَفِي

فكان أبو مسلم يبرّه ويكرمه ثمّ أمر بقتله فقيل له صديقك وأنيسك فقال رأيته ذا همّة وأُبّهة فقتلته مخافة أن يحدث حدثا وكان لا يقعد على الأرض اذا قعدتُ على السرير ولقد كان علىّ كريما وكنت له محبّا فعيّر أبو جعفر المنصور أبا مسلم بقتله فيما عيّره به لمّا عزم على قتله وكان أبو مسلم يخدم يُونُس بن عاصم فابتاعه منه بُكَير بن ماهن بأربعمائة درهم وبعث به الى ابرهيم الامام فلمّا ملك أبو مسلم مرو قدم عليه يونس بن عاصم فأكرمه غاية الاكرام ثمّ دسّ اليه رجلا فقال سله عن حاله عندى ولِمَ أكرمته فسأله فقال كنت قهرمانا له ناصحا فقال له أبو مسلم أبيتَ الّا كرما فقال يابن اللخناء أردتّ أن أقول أنّك كنت لى خادما فتقتلنى فبالله أسألك لو لم أقلب المعنى ما كنت فاعلا قال قد والله كنتُ قدّرتُ موضع خشبتك قال أكان هذا جزائى قال ومن جازيناه بجزائه وضعت سيفى فلم يبقى برّ ولا فاجر الّا قتلته ومثل هذا كثير وما زال يسعى بجهده حتّى أزال دولة بنى أميّة وأقيم عبد الله بن محمّد بن علىّ بن عبد الله بن عبّاس الملقّب بالسفّاح فبعث عمّه عبد الله بن علىّ لقتال مروان بن محمّد فقتله وبطش فى أهل الشأم بطش الجبّارين وسار من الجور سيرة لم يسرها أحد قبله وذلك أنّه لمّا هزم مرون بالزاب وغلب على بلاد الشأم وقتل أهل دمشق وهدم سورها وسار الى فِلَسْطين نادى وهو على نهر أبى فُطْرُس فى بنى أميّة بالأمان فاجتمعوا اليه فعجلت الخراسانيّة اليهم بالعمد فقتلوهم وقتل عبد الله جماعة منهم ومن أشياعهم وأمر بنبش قبر معوية بن أبى سفين فما وجد

منه الّا خطّ *a* ونبش قبر يزيد بن معوية فوجد منه سُلاميات رجلــه ووجد من عبد الملك بن مروان بعض شؤون رأســه ولم يوجد من الوليد وسليمن ابنى عبد الملك الّا رفات ووجد هشام صحيحا الّا شيئا من أنفه وشيئا من صدغه فضرب عدّة سياط وصلب ووجدت جمجمة مَسْلَمة بن عبد الملك فاتّخذت غَرَضًا حتّى تناثرت ولم يعرض لعمر بن عبد العَزِيز وجمع ما وجد فى القبور وأحرق وخطب عَبْدة بنت عبد الله بن يزيد بن معوية ابن أبى سفين زوج هشام بن عبد الملك بن مروان فأبت عليه التزويج فأمر بها فبُقِر بطنها وجعلت حين أتى بها ليبقر بطنها وتقتل تنشد

فَقُلْ لِلشَّامِتِينَ بِنَا أَفِيقُوا   سَيَلْقَى الشَّامِتُونَ كَمَا لَقِينَا

فهذه سيرة عبد الله بن علىّ وولّى السفّاح ابن أخيه ابراهيم ابن يحيى بن محمّد بن علىّ بن عبد الله سنة ثلث وثلثين ومائة المَوْصِل فدخلها فى اثنى عشر ألفا فأوّل ما بدأ به أن دعا أهل الموصل فقتل منهم اثنى عشر رجلا فنفر أهل البلد وحملوا السلاح فنادى من دخل الجامع فهو آمن فأتاه الناس يهرعون اليه فأقام الرجال على أبواب الجامع وقتل الناس فيه قتلا ذريعا تجاوز فيه الحدّ وأسرف فى المقدار فيقال أنّه قتل أحد عشر ألف انسان ممّن له خاتم سوى من ليس فى يده خاتم وثم

---

a) **Fragm. Histor. Arab. S. 207 und Ibn al-'Aṯīr V, 330 خيط, Mas'ūdijj V, 472 خطّ.**

عدد كثير جدّا بحيث لم ينج من رجال الموصل مع كثرتهم الّا نحو أربعمائة رجل صدموا الجند فأفرجوا لهم فلمّا كان الليل سمع صراخ النساء اللاتى قتل رجالهنّ فأمر من الغد بقتلهنّ فأقام رجاله ثلاثة أيّام يقتلون النساء والصبيان وكان فى عسكره قائد معه أربعة آلاف عبد زنجىّ فأخذوا النساء قهرا فلمّا فرغ ابراهيم من قتل الناس فى اليوم الثالث ركب فى اليوم الرابع وبين يديه الحراب والسيوف المسلولة فأخذت امرأة بلجام دابّته فأراد أصحابه قتلها فكفّهم عنها فقالت له ألست من بنى هاشم ألست ابن عمّ رسول الله صلّى الله عليه وسلّم أما تأنف للعربيّات المسلمات أن ينكحهنّ الزنوج فلم يجبها وبعث معها من بلّغها مأمنها ثمّ جمع من الغد الزنوج للعطاء وقتلهم عن آخرهم ثمّ أمر بأن لا يترك فى الموصل ديك الّا ذبح ولا كلب الّا عقر فنفذ ذلك فكانت هذه فعلة لم يسمع بأقبح منها الّا ما كان من السفّاح فإنّ زوجته أمّ سَلَمة بنت يَعْقوب بن سَلَمة بن عبد الله بن الوليد ابن المغيرة بن عبد الله بن عمر بن مخزوم المخزوميّة قالت له يا أمير المؤمنين لأىّ شىء استعرض ابن أخيك أهل الموصل بالسيف فقال لها وحياتك ما أدرى ولم يكن عنده من انكار هذا الأمر الفظيع سوى هذا ولَعَمْرى لقد فاق فِرْعَوْنَ فى فساده وأربى عليه فى عُتُوّه وعناده وإنّ السفّاح بما فعله ابن أخيه قد صار يسوم أمّة محمّد صلّى الله عليه وسلّم من سوء العذاب أشدّ وأقبح ما كان فرعونُ يسوم بنى اسرائيل منه فكيف بها اذا ضُمّت مع ما حكاه البَلاذُرىّ قال كان أُبو العبّاس يعنى السفّاح يسمع الغناء فإذا قال للمغنّى أحسنتَ لم ينصرف من عنده الّا بجائزة

وكسوة فقيل له انّ الخلافة جليلة فلو حجبت عنك من يشاهدك على النبيذ فاحتجب عنهم وكانت صلاته قائمة لهم فأين هٰذا من الهدى النبوىّ وسِيَر أئمّة الهُدَى فما أبعده عن هداهم ولله درّ القائل

نَزَلُوا بِمَكَّةَ فِى قَبَائِلِ نَوْفَلٍ   وَنَزَلْتُ بِالْبَيْدَاءِ أَبْعَدَ مَنْزِلِ

وأمّا أبو جعفر عبد الله بن محمّد المنصور فانّه تزيّا بزىّ الأكاسرة وجعل أبناء فارس رجالات دولتهم كبنى بَرْمَك وبنى نُوبَخْت وأحدث تقبيل الأرض وتحجّب عن الرعيّة وترفّع عليهم بحيث أنّ عَقّال ابن شَبّة قال له احمد الله فقد جزت مدى [a] الخلفاء فغضب المنصور فقال كبرت يا عقّال وكبر [b] كلامك ففطن وقال أجل لقد أَحْزَنَ سَهْلى واضطرب عقلى وأنكرنى أهلى ولا أقوم هٰذا المقام بعد يومى فلم يعش المنصور بعد ذٰلك الّا شهرين وأيّاما وحتّى انّ الربيع حاجبه ضرب رجلا شمّت المنصور عند العطسة فلمّا شكى ذٰلك الى المنصور قال أصاب الرجلُ السنّة وأخطأ الأدبَ فأين قول أبى جعفر هٰذا من حديث النبوّة الناطقة والامامة الصادقة ووالله ما الأدب كلّه الّا فى السنّة النبويّة فانّها هى الجامعة للأدب [c] النبوىّ والأمر الالٰهىّ لٰكنّه غلب على القوم الجبروت ودخلت النعرة فى آنافهم [d] وظهرت الخنزوانيّة بينهم فسمّوا عوائد العجم أدبا وقدّموها على السنّة التى هى ثمرة النبوّة فزادهم ذٰلك جفاء وقسوة حتّى انّ أبا جعفر كان ممّن بايع محمّدَ بن عبد الله بن الحسن بن

---

a) Lugd. حزت مدى. Argent. und Vindob. حزت هدى.

b) Lies: وكثُر? *c*) Lugd. الأدب. *d*) Lugd. آنافيم.

الحسن بن علىّ بن أبى طالب ليلة تشاور بنو هاشم فيمن يعقدون له الامامة وذلك حين اضطربت أمور بنى أميّة فلمّا أقيم أبو العبّاس عبدُ الله بن محمّد السفّاح فى الخلافة وعهد بها عند وفاته لأخيه أبى جعفر عبد الله بن محمّد المنصور وقام من بعده بالأمر أهمّه أمر محمّد بن عبد الله وأخيه ابراهيم وألحّ على أبيهما عبد الله بن الحسن أن يحضرهما اليه لمّا حجّ وكان قد شرّدهما خوف جوره ثمّ حبس عبدَ الله وعدّة من بنى حسن ومعهم محمّد الديباج بن عبد الله بن عمرو بن عثمان ابن عفّان وهو أخوهم لأمّهم فاطمة بنت أبى عبد الله الحسين بن علىّ بن أبى طالب وجعل القيود والأغلال فى أرجلهم وأعناقهم وأركبهم محامل بغير وطاء وسار بهم كذلك من المدينة النبويّة وطنهم ووطن آبائهم حتّى قدموا عليه وهو بالرَبْذة فأمر بالديباج فشقّت عنه ثيابه وضرب خمسين ومائة سوط فأصاب سوط منها وجهه فقال ويحك اكفف عن وجهى فانّ له حُرمة [a] برسول الله صلّى الله عليه وسلّم فقال المنصور للجلّاد الرأسَ الرأسَ فضُرب على رأسه نحوا [b] من ثلثين سوطا فأصاب احدى عينيه سوط منها فسالت على خدّه ثمّ قتله ومضى ببنى حسن الى الكوفة فسجنهم بقصر ابن هُبَيرة وأحضر محمّد بن ابراهيم بن حسن وأقامه ثمّ بنى عليه أسطوانة وهو حىّ وتركه حتّى مات جوعا وعطشا ثمّ قتل أكثر من معه من بنى حسن وكان ابرهيم الغَمْر [c] بن الحسن

---

a) Argent. حرمة رسول, Ibn al-'Aṯîr V, 400 حزنة برسول. Ṭabarijj III, 176 حرمة من رسول. *b*) Codd. نحو. *c*) Vindob. und Argent. القمر.

ابن الحسن بن علىّ بن أبى طالب فيمن حمل مصفّدا بالحديد من المدينة الى الأنبار وكان يقول لاخوته عبد الله والحسن أعوذ بالله من مِنًى طَيَّبُهنّ منايا تمنّينا ذهاب سلطان بنى أميّة واستبشرنا بسلطان بنى العبّاس ولم يكن قد انتهت بنا الحال الى ما نحن عليه وقد قتل أبو جعفر أيضا اسمعيل الديباج بن ابرهيم الغمر a ومحمّد بن ابرهيم قبل دفنه حيّا وكان لأبى القسم الرسّىّ بن ابرهيم طباطبا بن اسمعيل الديباج ضيعة بالمدينة يقال لها الرسّ فلم يسمح له أبو جعفر بالمقام بها حتّى طلبه ففرّ الى السند وقال

لَمْ يَرْوِهِ مَا أَرَاقَ الْبَغْيُ مِنْ دَمِنَا
فِى كُلِّ أَرْضٍ فَلَمْ يَقْصُرْ مِنَ الطَّلَبِ
وَلَيْسَ يَشْفِى غَلِيلًا فِى حَشَاهُ سِوَى
أَنْ لَا يَرَى فَوْقَهَا ابْنَ b لِبِنْتِ نَبِى

وكتب صاحب السند الى أبى جعفر أنّه وُجِدَ فى خان بالمُولْتان مكتوبا يقول القسم بن ابرهيم طباطبا العلوىّ انتهيت الى هذا الموضع بعد أن انتعلت الدم من المشى وقد قلت

عَسَى مَنْهَلٌ يَصْفُو فَتَرْوَى ظَمِيَّةٌ
أَطَالَ صَدَاهَا الْمَشْرَبُ الْمُتَكَدِّرُ
عَسَى جَابِرُ الْعَظْمِ الْكَسِيرِ بِلُطْفِهِ
سَيَرْتَاحُ لِلْعَظْمِ الْكَسِيرِ فَيَجْبُرُ

---

a) Vindob. u. Argent. القمر. *b*) Argent. ابنا. Die Wörter فوقها und ابن sind, wie das Metrum fordert, getrennt zu lesen.

عَسَى صُوَرٌ أَمْسَى لَهَا ٱلْجَوْرُ حَاقِنًا
سَيَبْعَثُهَا عَدْلٌ بِحَيٍّ a فَتَظْهَرُ
عَسَى ٱللّٰهُ لَا تَيْأَسْ عَنِ ٱللّٰهِ أَنَّهُ
يُيَسِّرُ b مِنْهُ مَا يَعِزُّ وَيَعْسُرُ

فكتب اليه قد فهمت كتابك وأنا وعلىّ وأهله كما قيل

نُحَاوِلُ اذْلَالَ ٱلْعَزِيزِ لِأَنَّهُ بَدَانَا بِظُلْمٍ وَٱسْتَمَرَّتْ مَرَائِرُهُ

واستحلف رَيْطَة امرأة ابنه محمّد المهدىّ أن لا تفتح بيتا عرضه عليها إلّا مع المَهْدىّ بعد وفاته ففتحته مع المهدىّ فاذا فيه من قتل من الطالبيّين وفى آذانهم رقاع فيها أنسابهم وفيهم أطفال فأمر المهدىّ فحفرت لهم حفرة ودفنوا فيها فأين هٰذا الجور والفساد من عدل الشريعة المحمّديّة وسيرة أئمّة الهدى وأين هٰذه القسوة الشنيعة مع القرابة القريبة من رحمة النبوّة وتالله ما هٰذا من الدين b فى شىء بل هو من باب قول الله سبحانه فَهَلْ عَسَيْتُمْ إِنْ تَوَلَّيْتُمْ أَنْ تُفْسِدُوا فِى ٱلْأَرْضِ وَتُقَطِّعُوا أَرْحَامَكُمْ أُولٰئِكَ ٱلَّذِينَ لَعَنَهُمُ ٱللّٰهُ فَأَصَمَّهُمْ وَأَعْمَى أَبْصَارَهُمْ c وكان أبو الجَهْم بن عَطِيّة مولى باهلة من أعظم الدُعاة قدرا وأعظمهم غناء وهو الذى أخرج أبا العبّاس السفّاح من موضعه الذى أخفاه فيه أبو سَلَمة حَفْص ابن سليمٰن الخلّال وحرسه وقام بأمره حتّى بويع بالخلافة فكان أبو العبّاس يعرف له ذٰلك وكان أبو مسلم يثق به ويكاتبه فلمّا استخلف أبو جعفر المنصور وجار فى أحكامه قال أبو الجهم ما على

---

a) Lugd. بحى. Vindob. يحيى. Argent. يحيء. Man könnte تَحَىٌّ lesen. *b*) Lugd. يُيسّر. *c*) Vindob. u. Argent. الذين. *d*) Sure XLVII, 24, 25.

هذا بايعناهم انّما بايعناهم على العدل فأسرّها أبو جعفر فى نفسه ودعاه ذات يوم فتغدّا عنده ثمّ سقاه شربة من سويق لوز فلمّا وقعت فى جوفه هاج به وجع فتوهّم أنّه قد سُمّ فوثب فقال له المنصور الى أين يا أبا الجهم فقال الى حيث أرسلتنى ومات بعد يوم أو يومين فقال

احذَرْ سَوِيقَ اللَّوْزِ لا تَشْرَبَنَّهُ
فَشُرْبُ سَوِيقِ اللَّوْزِ أَرْدَى أَبَا الجَهْمِ

وأمّا غدره بابى مسلم فغير خاف على رواة الأخبار وكان أشدّ ما يحقده عليه كتابه اليه أمّا بعد فانّى اتّخذت أخاك اماما وكان فى قرابته برسول الله صلّى الله عليه وسلّم ومحلّه من العلم على ما كان ثمّ استخفّ بالقرآن وحرفه طمعًا فى قليل من الدنيا قد نعاه[a] الله لأهله ومثّلتْ له ضلالته على صورة العدل فأمرنى أن أجرّد السيف وآخذ بالظنّة ولا أقبل معذرة وأن أُسْقِم البرىء وأبرئ السقيم وأُتِرَ[b] أهلَ الدين فى دينهم وأوطأنى فى غيركم من أهل بيتكم العَشْوَةَ بالافك والعدوان ثمّ انّ الله بحمده ونعمته استنقذنى بالتوبة وكرّهَ الىّ الحَوْبَةَ فان يعف فقديما عرف ذلك منه وان يعاقب فبذنوبى وما الله بظلّام للعبيد فكتب اليه أبو جعفر قد فهمت كتابك وللمُدلّ على أهل بيته بطاعته ونصرته ومحاماته وجميل بلائه مقال ولم يُرِكَ اللهُ فى طاعتنا الّا ما تُحبّ فراجع أحسنَ نيّتك وعملك ولا يدعونّك ما أنكرته الى التجنّى فانّ المغيّظ ربّما تعدّى فى القول فأخبر بما لا يعلم

a) Aṭ-Ṭabarijj III, 105 قد تعافاه im Texte. B نعافا. Ibn al-'Aṯīr نعاه. b) Codd. واثر.

والله ولىّ توفيقك وتسديدك فاقدم رحمك الله مبسوط اليد فى أمرنا محكما فيما هويت الحكم فيه ولا تشمت الأعداء بك وبنا ان شاء الله فقدم عليه وقتله فانظر أعزّك الله الى كتاب أبى مسلم يفضح لك عن سيرة القوم ولن تجد أخبر بهم منه ثمّ انظر الى [a] كتاب أبى جعفر جوابا له كيف لم ينكر عليه ما رماهم به ولا كذّبه فى دعواه ذٰلك يحقّق عندك صدقه ولا يوحشنّك هٰذا من أخبارهم بل ضمّه الى وصيّة ابرٰهيم الامام تجدهما قد خرجا من الّ واحد وكان عبد الله بن دادبه [b] وهو المُقفّع قد كتب لعبد الله بن علىّ أمانا حين أجاب أبو جعفر الى أمانه فكان فيه فان عبد الله [c] عبد الله أمير المؤمنين لم يف بما جعل لعبد الله بن علىّ فقد خلع نفسه والناس فى حلّ وسعة من نقض بيعته فأنكر أبو جعفر ذٰلك وأكبره واشتدّ له غيظه على ابن المُقفّع وكتب الى سفيٰن بن معٰوية عامله على البَصْرة اكفنى ابن المقفّع ويقال أنّه شافهه بذٰلك عند توديعه إيّاه فجاءه ابن المقفّع يوما فأدخله حجرة ثمّ سجر له تنورا وألقاه فيه وهو يصيح يأعوان الظلمة وقيل أنّه ألقى فى بئر وأطبق عليه حجر وقيل أدخل حماما فلم يزل فيه حتّى مات وقيل دُقّت عنقه وقطع عضوا عضوا وألقيت أعضاؤه فى النار وهو يراه ويصيح صياحا شديدا وقيل ألقى فى بئر النورة فى الحمام

---

a) In Lugd. u. Argent. fehlt: الى. *b*) Vindob. بن داذ. Lugd. und Argent. دادبه. Nach anderen hat Al-Muḳaffa' Dāḏūjeh geheissen. Vgl. Ibn Ḫallikān ed. Slane I, 223 داذويه und Fihrist S. 118 روزبه. *c*) Codd. عبد الله بن عبد الله.

وأطبق عليه صخرة فمات وشكا بنو علىّ بن عبد الله ما صنع سفين بابن المقفّع الى أبى جعفر المنصور فأمر بحمل سفين اليه فلمّا جىء به وجاء عيسى بن علىّ وغيره ليشهدوا a عليه أنّ ابن المقفّع دخل داره فلم يخرج وصرفت دوابّه وغلمانه يصرخون وينعونه وجاء عيسى بتاجرين يثبتون الشهادة على قتله فقال لهم المنصور أرأيتكم إن أخرجت ابن المقفّع اليكم ما ذا تقولون فانكسروا عن الشهادة وكفّ عيسى عن الطلب بدم ابن المقفّع وكان سُدَيْف بن مَيْمُون مولى آل أبى لهب b مائلا الى أبى جعفر فلمّا استخلف وصله بألف دينار ثمّ انّه اتّصل بمحمّد وإبراهيم ابنى عبد الله بن حسن حتّى قتلا فاختفى حتّى آمنه عبد الصّمد بن علىّ والى المدينة فلمّا قدمها أبو جعفر جدّ فى طلبه حتّى ظفر به فجعله فى جوالق وضرب حتّى كسر ثمّ رمى به فى بئر وبه رمق حتّى مات فهذا وأمثاله من سيرته خلاف سنن الهدى وكان الفضل بن الربيع يمنع عائد الخليفة أن يسأل عن شىء يقتضى جوابا ويقول اجعلوا عيادتكم دعاء فاذا أردتّ أن تقول كيف أصبح الأمير فقل صبّح الله الأمير بالكرامة وإن أردتّ السؤال عن حاله فقل أنزل الله على الأمير الشفاء والرحمة فانّ المسألة توجب الجواب وإن لم يجبك اشتدّ عليك وإن أجابك اشتدّ عليه وكانت الخلفاء اذا عطست شمّتت فعطس هرون الرشيد فشمّته رجل فقال له الفضل لا تعد أتكلّف

a) Vindob. und Argent. يشهدون. Lugd. ليشهدون.

b) Vindob. und Argent. آل المهلّب.

أمير المؤمنين ردًّا وجوابًا فجروا على ذلك فيما بعد وهذا المأمون
عبد الله بن هرون الرشيد قد أثّر فى الاسلام أقبح أثر وهو
أنّه عرّب كُتُب الفلسفة a حتّى كاد بها أهل الزيغ والالحاد الاسلام
وأهله وحمل مع ذلك الناس كافّة على القول بخلق القرآن وامتحنهم
فيه أشدّ محنة وأكثر من شراء الأتراك وتغالى فى أثمانهم حتّى 5
كان يشترى المملوك منهم بمائتى ألف درهم واقتدى به أخوه
أبو اسحق المُعْتَصِم فاشتدّ على الناس فى امتحانهم بالقول بخلق
القرآن وانتهك أعراضهم وبرّح بالضرب الشديد أبشارهم وأخرج
العرب قوم رسول الله صلّى الله عليه وسلّم الذين أقام الله بهم
دين الاسلام من الديوان وأسقط عطاءهم فسقط ولم يُفرَض لهم 10
بعده عطاء وأقام بدلهم الأتراك وخلع لباس العرب وزيّهم ولبس
التاج وتزيّى بزىّ العجم الذين بعث الله نبيّه محمّدًا صلّى الله
عليه وسلّم بقتالهم وقتالهم فزالت به وعلى يديه الدولة العربيّة
وتحكّم منذ عهده وأيّام دولته الأتراك الذين أنذر رسول الله
صلّى الله عليه وسلّم بقتالهم فغلبوا من بعده على الممالك وسلّطهم 15
الله على ابنه جعفر المُتَوكّل فقتلوه ثمّ قتلوا ابن ابنه أحمد
المُسْتَعين وتلاعبوا بدين الله وتغلّبوا على الأطراف كلّها وفعل
المتوكّل جعفر بن المُعْتَصِم فى خلافته من الانهماك فى الترف
المنهى عنه ما يقبح مثله من آحاد الرعيّة وجهر بالسوء من
القول فى أمير المؤمنين علىّ بن أبى طالب رضى الله عنه حتّى 20
قتله الله بيد أعوانه وأنصار دولته فقام من بعده ابنه محمّد

---

a) Vindob. الفلاسفة.

المُنْتَصِر فأتى بطامّة لم يسمع فى الجور نظيرها وهو أنّه كتب الى الآفاق بأن لا يقبّل علوىّ ضيعة ولا يركب فرسا الى طرف من الأطراف a وأن يُمْنَعوا من اتّخاذ العبيد الّا العبد الواحد ومن كان بينه وبين أحد من الطالبيّين خصومة من سائر الناس قُبل قول خَصْمه فيه ولم يطلب ببيّنة وقرئ هٰذا الكتاب على منبر مِصْر فبالله هل سُمع فى أخبار الجائرين أهل العناد والشقاق بمثل ما أمر به هٰذا الجائر لا جرم أنّ الله أخذه ولم يمهله فكانت دولته ستّة أشهر وما زالت أمور الاسلام تتلاشى والدولة تضعف الى أن انتقل الملك والدولة فى آخر أيّام المُتّقى ابرٰهيم ابن جعفر المُقْتَدِر وأوّل أيّام خلافة المُسْتَكْفى عبد الله بن المُكْتَفِى من بنى العبّاس الى بنى بُوَيْه الدَّيْلَم b فلم يبق بيد بنى العبّاس من الخلافة الّا اسمها فقط من غير تصرّف فى ملك بحيث صار الخليفة منهم فى مدّة الدولة البويهيّة ثمّ فى الدولة السَلْجُوقيّة انّما هو كأنّه رئيس الاسلام لا أنّه ملك ولا حاكم تتحكّم فيه الديلم ثم السلجوقيّة كتحكّم المالك فى مملوكه كما هو معروف فى كتب التأريخ وما زالت ضَعَفَةُ بنى العبّاس مع الديلم ومع الأتراك منذ استولى مُعِزّ الدولة أحمد بن بُوَيْه ببَغْداد فى جمادى الأولى سنة أربع وثلثين وثلثمائة تحت الحكم الى أن قتلوا عن آخرهم وسُبى حريمهم وهُدِمَت قصورهم وهلكت رعاياهم على يد عدوّ الله هُولَاكُوا وكانوا هم السبب فى ذٰلك كما قد ذكر فى سيرة الناصر أحمد بن المُسْتَضِى وقد ثبت فى الصحيح من

---

a) Lugd. طرق من الأطراف.   b) Argent. الديلمىّ.

حديث معٰوية أنّه سمع رسول الله صلّى الله عليه وسلّم يقول إنّ هٰذا الأمر فى قريش لا يعاديهم أحد الّا أكبّه الله على وجهه ما أقاموا الدين وروى وَكيع عن كامل أبى العَلاء عن حَبيب بن أبى ثابت عن عُبَيد الله بن عبد الله بن عُتْبة قال قام رسول الله صلّى الله عليه وسلّم فقال يا معشر قريش إنّ هٰذا الأمر لا يزال فيكم حتّى تُحدثوا أعمالا تخرجكم منه فاذا فعلتم ذٰلك سلّط الله عليكم شرّ خلقه فالتحوكم كما يلتحى القضيب وهو حديث مُرْسَل وعبيد الله هٰذا هو ابن عبد الله بن عتبة بن مَسْعود وأبو عبد الله الهُذَلىّ المَدَنىّ الأعمى أحد الفقهاء السبعة مات سنة تسع وتسعين

وقد اتّفق فى الخلافة الاسلاميّة كما اتّفق فى الملّة الموسويّة حَذْوَ القُذَّة بالقُذَّة وذٰلك أنّ العرب كلّها ترجع الى قَحْطان وعَدْنان فيقال لسائر قحطان اليمن ويقال لسائر بنى عدنان * المُضَرِيّة والنِزارِيّة وهى قَيْس a والعرب كلّها على ستّ طبقات شُعُوب وقبائل وعَمائر وبطون وأفخاذ وفصائل وما بينهما من الآباء يعرفها أهلها قال الله جلّت قدرته يا أَيُّهَا ٱلنَّاسُ انّا خَلَقْنَاكُمْ مِنْ ذَكَرٍ وَأُنْثَى وَجَعَلْنَاكُمْ شُعُوبًا وَقَبَائِلَ لِتَعَارَفُوا b فالشّعوب جمع شَعْب بفتح الشين وهو أكبر من القبيلة وقيل الشعب هو الحىّ العظيم مثل رَبيعة ومضر c والأَوْس والخَزْرَج سمّوا بذٰلك لتشعّبهم واجتماعهم كتشعّب أغصان الشجر وقيل الشعب القبيلة نفسها وقد غلبت الشُعوب بلفظ الجمع على جِيل العجم حتّى قيل

a) So haben wirklich die Codd. *b*) Sure XLIX, 13. *c*) Lugd. مضر ohne و.

لمُحْتَقِر أمر العرب شُعُوبىّ والقَبائل جمع قَبيلة والقبيلة من الناس بنو أب واحد وهى دون الشعب كبَكْر من ربيعة وتَمِيم من مضر وقيل القبيلة الجماعة للّة تكون من واحد ويقال لكلّ جَمْع على شىء واحد قبيل قال تعالى إنَّهُ يَراكُمْ هُوَ وَقَبِيلُهُ مِنْ حَيْثُ لَا تَرَوْنَهُمْ a واشْتُقت القبيلة من قبائل الشجر وهى أغصانها وقيل أخذت من قبائل الرأس وهى أطباقها الأربع وقيل لأنّ العمائر تقابلت عليها والعمائر واحدها عِمارة وهى أصغر من القبيلة وقيل العمارة هى الحىّ العظيم الذى يقوم بنفسه فذُودان b بن أَسَد عمارة فالشعب يجمع القبائل فالقبيلة تجمع العمائر والعمارة تجمع البطون والبطون واحدها بَطْن وهو دون القبيلة وقيل دون الفَخِذ وفوق العمارة فالبطن يجمع الأفخاذ وفخذ الرجل حيّه من أقرب عشيرته اليه ثمّ الفخذ يجمع الفصائل وفَصيلة الرجل عشيرته ورهطه الأَدْنَون وقيل الفصيلة أقرب آباء الرجل اليه فكنانة قبيلة وقريش عمارة وقصىّ بطن وهاشم فخذ وبنو العبّاس فصيلة وكما أنّ الله جعل العرب شعوبا وقبائل فقد جعل بنى إسرائيل أسباطا فالسبط من بنى إسرائيل كالقبيلة من العرب وبنو إسرائيل وهو يَعْقُوب بن إسحٰق بن إبراهيم الخليل صلوات الله عليهم اثنا عشر سبطا وهم يُوسُف النبىّ وبِنْيامين وكاد ويَهوذا ونَفْتالى وزَبُولُون وشِمْعُون ورُوبِين ويِسّاخار ولَاوِى ودان وباشِر فكلّ ولد من هؤلاء الاثنى عشر يقال له سبط ومنهم كلّهم سائر بنى إسرائيل فإذا عرفت ذلك فاعلم أنّ مُوسَى صلوات

---

a) Sure VII, 26. *b*) Codd. فذودان.

الله عليه هو موسى بن عمْران بن قاهَت بن لاوى بن يعقوب
ابــن إسْحٰق بــن إبراهيم فـهـو من سِبْط لاوى فـلمّا مات لم
يخلفه فى بنى إسرائيل أحد من سِبْط لآوى الذين ثمّ قـرابـتـه
القريبة وإنّما خلفه يُوشَع وهو من سِبْط أفرائم بن يوسف وهو
بعيد من سِبْط لاوى وذٰلك أنّه يوشع بن نُون بن أَلِبْشماع 5
ابن عَمِيهُود بن تَعْدان بن تالح بن راشِف بن بَرِيعَا بن أفرائم
ابن يـوسف الـنـبىّ بــن يعقوب عليهما السلام وهٰكذا وقع فى
الاسلام فـإنّ رسول الله صلّى الله عليه وسلّم سيّد بنى هاشم هو
محمّد بن عبد الله بن عبد المطّلب بن هاشم بن عبد مناف
ابن قصىّ بن كِلاب بن مُرَّة بن كَعْب بن لُؤىّ بن غالب بن 10
فِـهْـر بن مالك بن النَّضْر بن كنانة بن خُزَيْمة بن مُدْرِكة بن
الياس بن مُضَر بن نِزار بن مَعَدّ بن عدْنٰن بـلا خلاف فى
ذٰلك ولمّا تـوفّى رسول الله صلّى الله عليه وسلّم لم يخلفه فى
أمّته أحد من بنى هاشم الذين ثمّ أقرب العرب اليه بل خلفه
صلّى الله عليه وسلّم أبو بكر الصدّيق رضى الله عنه وهو من 15
بنى تَيْم بــن مُرَّة بــن كَعْب فإنّه أبو بكـر عبد الله بــن أبى
قُحَافة عثمان بن عامر بن عمرو بن كعب بن سَعْد بن تَيْم بن
مُرَّة فانظر كيف كان أبو بكـر خليفة رسول الله صلّى الله عليه
وسلّم فى البُعد من جِذْم رسول الله صلّى الله عليه وسلّم كبُعد
يــوشع من أصل موسى عليه السلام فـإنّ أبا بكر رضى الله عنه 20
إنّما يلتـقـى مـع رسول الله صلّى الله عليه وسلّم فى مـرَّة بـن
كَعب بن لُؤَىّ بعد عدّة آباء وكذٰلك يوشع إنّما يلتقى مع
موسى فى يعقوب بــن إسْحٰق بــن إبراهيم عليهم السلام بـعـد

عدّة آباء وكما أنّه قام بأمر بنى اسرائيل بعد يُوشَع خليفة موسى جماعة مختلفوا الأنساب بعضهم من سبط يهوذا وبعضهم من سبط يسّاخار وبعضهم من سبط بنيامين وبعضهم من سبط مَنَشّا بن يوسف وبعضهم من سبط غاث[a] وبعضهم من سبط ذان كذلك قام بالخلافة بعد أبى بكر رضى الله عنه جماعة مختلفة أنسابهم بعضهم من بنى عَدِىّ وهو عمر بن الخطّاب بن نُفَيل بن عبد العُزّى بن رِياح[b] بن عبد الله بن قُرْط بن رَزاح ابن عَدىّ بن كعب وبعضهم من بنى أبى العاص[c] بن أميّة بن عبد شمس ابن عبد مناف بن قصىّ وهو عثمان بن عفّان بن أبى العاصى وبعضهم من بنى هاشم وهما علىّ بن أبى طالب بن عبد المطّلب بن هاشم بن عبد مناف بن قصىّ وابنه الحسن بن علىّ بن أبى طالب رضوان الله عليهم وبعضهم من بنى حَرْب بن أميّة بن عبد شمس وهم معوية بن أبى سفين صَخْر بن حَرْب بن أميّة وابنه يزيد بن معوية وابنه معوية بن يزيد بن معوية بن ابى سفين وبعضهم من بنى أَسَد بن عبد العزّى بن قُصَىّ بن كِلاب وهو عبد الله بن الزُبَير بن العَوّام بن أسد بن عبد العُزّى وبعضهم من بنى الحكم بن أبى العاص بن أميّة بن عبد شمس وهم مَرْوان ابن الحكم وابنه عبد الملك بن مروان وبنوه وكما أنّ بنى اسرائيل استقرّ أمرهم بعد من ذكرنا فى بنى يهوذا كذلك استقرّت الخلافة بعد من ذكرنا فى بنى العبّاس وكما أنّ يهوذا عمّ موسى عليه السلام كذلك العبّاس بن عبد المطّلب بن هاشم هو عمّ رسول

---

a) Oben geschrieben كاد. *b*) Codd. رَباح. *c*) Codd. من بنى العاص.

الله صلّى الله عليه وسلّم وكما أنّ يهوذا قدّمه يعقوب على اخوته وبشّره ومدحه كذلك العبّاس رضى الله عنه كان رسول الله صلّى الله عليه وسلّم يجلّه ويكرمه ويثنى عليه وكما أنّ أمْر بنى اسرائيل افترق فى دولة بنى يهوذا وصاروا بعد موت سليمن ابن داود عليهما السلام فرقتين فرقة بالقدس مع ابنه رُحُبْعُم[a] ابن سليمن وهم يهوذا وسبط بنيامين وفرقة بشَمْرُون مع يَرُبْعام ابن نِبَاط[b] وهم بقيّة الأسباط كذلك لمّا صارت الخلافة فى بنى العبّاس افترق أمر الأمّة فصار فى الأنبار ثمّ فى بغداد بنو العبّاس وفى الأَنْدَلُس عبد الرحمن بن معوية بن هشام بن عبد الملك ابن مروان بن الحكم وبنوه من بعده فلم تدخل الأندلس تحت طاعة بنى العبّاس كما لم تدخل شمرون تحت حكم سبط يهوذا وكما أنّ مدينة القدس التى هى دار ملك بنى يهوذا كانت تدعى أُورَشْليم ومعناه دار السلام كذلك بَغْداد دار ملك بنى العبّاس كان يقال لها دار السلام وكما أنّ دولة يربعام ومن بعده بشَمْرُون التى عرفت اليوم بنابلُس انقرضت قبل دولة بنى يَهُوذا بالقُدس فانّها لم تقم غير مائتين واحدى وستّين سنة فكذلك دولة بنى أُميّة بالأندلس فانّها انقرضت قبل انقراض دولة بنى العبّاس فكانت مدّتهم مائتين وسبع وستّين سنة وكما أنّ دولة بنى يهوذا بالقدس أقامت من عهد داود عليه السلام وهو أوّل من ملك منهم الى أن انقرضت نحوا من خمسمائة سنة فانّها أقامت أربع مائة وعشر سنين كذلك بنو العبّاس أقامت خلافتهم منذ أبى العبّاس عبد الله السفّاح أوّل قائم منهم الى أن انقرضت

---

a) Codd. رُجُبْعُم. *b*) Codd. نياط.

أيّامهم خمسمائة وأربعا وعشرين سنة وكما أنّ دولة بنى يهوذا انقرضت على يد بُخْتَ نَصَّر فانّه سار اليهم من بلاد المشرق وقاتلهم وهدم مدينة القدس دار ملكهم وقتل رجالهم وسبى نساءهم فكذلك زالت دولة بنى العبّاس على يد هُولَاكُوا لمّا قدم الى بغداد من بلاد المشرق فقتل الرجال وسبى النساء وكما أنّ أمر بنى اسرائيل لم يجتمع بعد زوال دولتهم لواحد يقوم بدينهم كذلك أمّة محمّد صلّى الله عليه وسلّم لم تجتمع بعد انقراض خلافة بنى العبّاس لواحد بل صار فى كلّ قطر ملك وكما عاد لبنى اسرائيل بعد ازالة بُخْتَ نَصَّر دولتهم ملك كانوا فيه تحت يد اليُونان وغيرهم مدّة عمارة بيت المقدس، بعد عودهم من الجالية كذلك أقام الأتراك ملوك مِصْرَ رجلا من بنى العبّاس جعلوه خليفة وليس له أمر ولا نهى ولا نفوذ كلمة وكما أنّ بنى اسرائيل قوم موسى عليه السلام قطّعهم الله فى الأرض أُمَمًا كذلك قريش قوم رسول الله صلّى الله عليه وسلّم تفرّقوا فى أقطار الأرض وصاروا رعيّة ورعايا ليس لهم ملك ولا دولة وكما أنّ أنساب بنى اسرائيل جُهلت بأسرها الّا بعض بنى يهوذا فانّ نَسَبَهم يتّصل بداوُد عليه السلام كذلك قريش جهلت فى هٰذه الأيّام أنساب جميع بطونها الّا ما كان من بنى حسن وحسين فانّ أنساب كثير منهم متّصلة الى علىّ بن أبى طالب رضى الله عنه فانظر أعزّك الله كيف تشابه أمر هٰذه الأمّة المحمّديّة بأمر الأمّة الموسويّة وقد أنذر بذلك رسول الله صلّى الله عليه وسلّم وكان هٰذا من أعلام نبوّته <كما بيّنته فى كتاب امتاع الأسماع بما للرسول من الأنباء والأحوال والحفدة والمتاع صلّى الله عليه وسلّم>

ثبت فى غير موضع من الصحيحين وغيرهما من حديث زيد بن أَسْلَم عن عَطاء بن يَسار عن أبى سَعيد الخُدْرىّ رضى الله عنه قال قال رسول الله صلّى الله عليه وسلّم لتتبعنّ سَنَنَ الذين من قبلكم شبرا بشبر وذراعا بذراع حتّى لو دخلوا جُحْر ضَبّ لاتّبعتموهم قلنا يا رسول الله اليهود والنصارا قال فمن هٰذا لفظ مُسْلِم ولفظ البُخارىّ لتتبعنّ سَنَنَ من قبلكم شبرا بشبر وذراعا ذراعا حتّى لو دخلوا جحر ضبّ تبعتموهم الحديث بمثله وفى لفظ له لتتبعُنّ سنن من قبلكم شبرا بشبر وذراعا بذراع حتّى لو سلكوا جحر ضبّ لسلكتموه قلنا يا رسول الله اليهود والنصارا قال فمن ولبَقىّ بن مَخْلَد من حديث أبى سَلَمة عن أبى هُرَيرة رضى الله عنه أنّ النبىّ صلّى الله عليه وسلّم قال لتتبعُنّ سَنَن من كان قبلكم باعا بباع وذراعا بذراع وشبرا بشبر حتّى لو دخلوا فى جحر ضبّ لدخلتم معهم قالوا يا رسول الله اليهود والنصارا قال فمن والله أعلم ۞

تمّ وكمل بحمد الله وبعونه وصلّى الله على سيّدنا محمّد
وآله وصحبه وسلّم تسليما كثيرا
آمين ۞

Der Schluss in Argent. lautet: تم هٰذا الكتاب والحمد لله أوّلا وآخرا وقد نقلته من نسخة موجودة عند حضرة علىّ بك فَهْمىّ نجل المرحوم رِفاعة بَك رافع الطهطاوىّ وبها نقص فى وسطها تركت له بياضا على قدره وكتبها عبد العزيز اسماعيل الأنصارىّ الطَهْطاوىّ فى شهر جمادى الثانية سنة ١٢٩٥

In Vindob. lautet er folgendermassen: تمّ كتاب النزاع والتخاصم فيما بين بنى أميّة وبنى هاشم تأليف الشيخ الإمام العالم العلّامة العمدة حافظ العصر ومؤرّخ الوقت أبى العبّاس أحمد بن علىّ بن عبد القادر بن محمّد بن تميم المقريزىّ الشافعىّ تغمّده الله تعالى برحمته وأسكنه فسيح جنّته وأعاد علينا من فوائد علومه وبركته وجعله رفيقا مع النبيّين والصديقين والشهداء والصالحين على التمام والكمال ونعوذ بالله من الزيادة والاختلال والحمد لله وحده وصلّى الله على من لا نبىّ بعده محمّد وآله وصحبه والتابعين نقلت هٰذه النسخة من نسخة نقلت من خطّ المؤلّف فى خامس عشر ذى القعدة سنة ١١٣١ واحد وثلاثين ومائة وألف كتبه الفقير علىّ بن السيّد محمّد الشيلاوىّ غفر الله له ولوالديه ولجميع المسلمين والحمد لله ربّ العالمين ۞

kungen den Bibliothek-Verwaltungen in Strassburg und Leiden meinen besten Dank auszusprechen, für die Bereitwilligkeit, womit sie ihre Hülfsmittel zu meiner Verfügung stellten, sodann Herrn Prof. de Goeje für die Zusendung des Leidener Manuscripts sowie für die mir beim Lesen der Probebogen in zuvorkommendster Weise geleistete Hülfe, und besonders Herrn Prof. Nöldeke für die grosse Freundlichkeit, mit der er stets meine Arbeit geleitet und unterstützt hat.

Leiden a. 24ten April 1888.   G. VOS.